AF300767

Christine Zarend

Wir fordern das Recht menschlich zu leben

Halles erster Arbeiterverein (1848-1850)

Ein Beitrag zur Geschichte der Arbeiterverbrüderung

Die Autorin widmet diese Schrift ihren unbekannten proletarischen Vorfahren.

Christine Zarend
- Wir fordern das Recht menschlich zu leben -
Halles erster Arbeiterverein (1848-1850)

1. Auflage (15. April 2023)
ISBN 978-3-96692-103-9
©2023
Verlag & Gestaltung:
Stockwärter Verlag, Halle (Saale), Bernd Stockmann
Druck & Herstellung:
BoD - Books on Demand GmbH, Norderstedt
Titelbild: Gottfried Riehm, Rannische Straße 19, Eingang zur „Goldenen Rose", 1890, Stadtarchiv Halle (Saale), Riehm 5

1. Prolog

Der folgende Beitrag entstand im Rahmen eines ABM-Projektes des Frauenvereins Courage e. V. Halle. Unter dem Dach des Vereins arbeiteten mehrere Jahre Frauen in wechselnden Projekten und zu wechselnden Themen unbekannte, in Vergessenheit geratene oder verdrängte Frauengeschichte auf. Das Forschungsvorhaben „Frauen- und Menschenrechte in der bürgerlichen Revolution von 1848/49", in dem die Autorin zwei Jahre mitarbeitete, war speziell der Teilnahme von Frauen an der bürgerlichen Revolution von 1848/49 in der Region Halle gewidmet. Teil dieses Projekts waren Untersuchungen zum ersten Arbeiterverein Halles, den Proletarier - und vermutlich auch Proletarierinnen - im Herbst 1848 gründeten. Aus diesem Grund bezog die Autorin der vorliegenden Arbeit die Teilnahme von Arbeiterinnen an der Revolution von 1848, soweit dies die Quellenlage gestattete, mit ein.

Die Autorin verfolgte mit ihren Forschungen zum 1848 entstandenen Arbeiterverein zwei Ziele. Das erste bestand darin, neue Fakten zur Entstehung und zum Wirken dieses Vereins zu erschließen und zu dokumentieren. Damit ist zugleich ein Beitrag zur Erforschung der Geschichte der Allgemeinen Deutschen Arbeiterverbrüderung verbunden, der sich der Verein unmittelbar nach seiner Gründung anschloss. Die Arbeiterverbrüderung, der im wesentlichen auf soziale Reformen und eine Humanisierung der entstehenden kapitalistischen Gesellschaft orientierende Teil der frühen Arbeiterbewegung, nahm in ihren programmatischen Forderungen und mit ihrem Kampf für soziale Gerechtigkeit wesentliche Errungenschaften der späteren Gewerkschafts- bewegung und Bestandteile der Sozialversicherung vorweg wie:

Lohntarife oder ortsüblichen Lohn, finanzielle Absicherung bei Arbeitsunfähigkeit durch Krankheit oder Unfall, Unterstützung der Hinterbliebenen bei Tod des Ernährers. Besondere Bedeutung hat die Arbeiterverbrüderung aus heutiger Sicht jedoch vor allem deshalb, weil sie - damals freilich nur mit geringem Erfolg - versuchte, mittels von Proletariergroschen finanzierten Produktivgenossenschaften ein Gegengewicht zum kapitalistischen Eigentum, zur freien Konkurrenz und zur Ausbeutung zu schaffen. Die Idee der Verbraucher-genossenschaften geht ebenfalls auf die Arbeiterverbrüderung zurück. Die sozialen Hilfskassen, die Genossenschaften (Assoziationen) und die der Arbeiterverbrüderung angeschlossenen Vereine standen nicht nur männlichen Arbeitern, sondern auch den Proletarierinnen offen. Dies alles spiegelt sich im Wesentlichen auch in der kurzen Geschichte des ersten halleschen Arbeitervereins wider.

Zweitens ging es der Autorin darum, auch den Anteil von Proletarierinnen an den Ereignissen der Achtundvierziger Revolution in Halle herauszuarbeiten. Im Gegensatz zur Beteiligung von Bürgerinnen an den revolutionären Ereignissen ist über die Aktivitäten von Proletarierinnen relativ wenig bekannt. Dies lässt sich ebenso für die Anfänge der bürgerlichen Frauenbewegung und der Arbeiterinnenbewegung konstatieren. Besonders der Beitrag bürgerlicher Frauen zur Revolution von 1848/49 erfuhr eine mannigfache Würdigung und geschichtliche Aufarbeitung. Weniger aufgearbeitet ist dagegen die proletarische deutsche Frauenbewegung, die sich ebenfalls in den Jahren unmittelbar vor und während der 48er Revolution entwickelte. Der Forschungsstand beruht auch auf dem Verständnis der marxistischen Arbeiterbewegung, die die Frauenfrage, wie im

Kommunistischen Manifest festgeschrieben, als Bestandteil der sozialen Frage betrachtete und deren Lösung unterordnete. Zudem klammerte einerseits die marxistische Forschung zur Geschichte der Arbeiterbewegung in der DDR das Wissen über die Anfänge der Arbeiterinnenbewegung, das unter anderen August Bebel, Anna Blos, Lily Braun und Clara Zetkin in ihren Schriften zur Frauenfrage bewahrten[1], weitgehend aus. Andererseits ist die Quellenlage zu den Anfängen der proletarischen Frauenbewegung, die auch Halle betrifft, sehr begrenzt. Hinzu kommt, dass Aktionen von Arbeiterinnen vielfach nicht aufgezeichnet, als Ausdruck des Aufbegehrens des weiblichen Teils der sich formierenden Klasse gewertet und in die politischen und sozialen Kämpfe der Klasse eingeordnet wurden, ohne sie einer gesonderten Wertung zu unterziehen.

Erschwert wird die Suche nach den Anfängen des Emanzipationskampfes der Arbeiterinnen ebenso durch den Umstand, dass einerseits Proletarierinnen mit den Männern gemeinsame Sache machten und anfangs wahrscheinlich keine eigenen, frauenspezifischen Forderungen, wie besondere Arbeits- und Arbeitsschutzbedingungen, Mutterschutz oder *gar gleichen Lohn für gleiche Arbeit*, stellten. Dabei kann leicht übersehen werden, dass andererseits von Beginn an Frauen ihre geschlechtsspezifischen Erfahrungen, Lebens- und Arbeitswelten in die sich formierende proletarische Bewegung einbrachten.[2]

Obwohl im April 1848 zwei Näherinnen versuchten, ihre Kolleginnen in einem eigenen Verein zu organisieren, wurde dies in bisherigen historischen Untersuchungen zum ersten halleschen Arbeiterverein nicht wahrgenommen.[3] Die Autorin unternimmt in dem folgenden Beitrag den Versuch, die zaghaften Anfänge der halleschen Arbeiterbewegung, die Arbeiterinnenbewegung eingeschlossen, und deren historische und soziale Hintergründe aufzuzeigen.

---

[1] Vgl. Bebel, A.: Die Frau und der Sozialismus: Berlin, 1979; Blos, A: Die Frauenfrage im Lichte des Sozialismus. - Dresden, o. J.; Braun, L.: Die Frauenfrage. Ihre geschichtliche Entwicklung und ihre wirtschaftliche Seite. - Leipzig, 1901; Zetkin, C.: Zur Geschichte der proletarischen Frauenbewegung Deutschlands. - Berlin, 1958.
[2] Vgl. Canning, K; Geschlecht als Unordnungsprinzip. Überlegungen zur Historiographie der deutschen Arbeiterbewegung. In: Schissler, H. (Hrsg.): Geschlechterverhältnisse im historischen Wandel. - Frankfurt/New York, 1993, S. 139-163.
[3] Vgl. Hallisches patriotisches Wochenblatt (HPW), 2. Beilage zu Nr. 16 vom 20. April 1848, S. 612.

2. Die Lage des halleschen Proletariates vor der Revolution

Um die Salz- und Universitätsstadt Halle an der Saale, in der damaligen preußischen Provinz Sachsen gelegen, machten die demokratischen Bestrebungen des Jahres 1848 keinen Bogen. Der Verlauf der revolutionären Bewegung und die Organisation der in ihr wirkenden Kräfte spiegelten in dieser mitteldeutschen Provinzstadt ebenso die Breite der Einheits- und Freiheitsbestrebungen wider, wie sie in ganz Deutschland am Werke waren.[4] Das hallesche Proletariat bildete hierbei keine Ausnahme. Nach langer Zeit des Duldens und Leidens trat es mit eigenen Forderungen und einer ersten selbständigen Organisation hervor.

Halle zählte im Jahre 1848 etwa 32.000 Einwohner, ungefähr ein Drittel davon gehörte den proletarischen Unterschichten in ihrer ganzen Differenziertheit an. Das Proletariat der Stadt bestand zu dieser Zeit vorwiegend aus Arbeitern kleiner Werkstätten und Betriebe mit nur wenigen Beschäftigten, vor allem jedoch aus Tagelöhnern und Handarbeitern, verarmten Handwerksmeistern und Gesellen.[5] Der geringste Teil der Arbeiterschaft war in Fabriken im eigentlichen Sinne beschäftigt, denn Halle schickte sich erst an, eine *Industrie- und Fabrikenstadt* zu werden. Erste Anfänge der Industrialisierung in den dreißiger Jahren des 19. Jahrhunderts, wie die 1835 gegründete Zuckersiederei-Companie auf Aktien, die Kröllwitzer Papiermühle mit damals 178 Arbeitern, die - noch vor den Toren der Stadt gelegenen - ersten Maschinenbaubetriebe in Giebichenstein, die beiden 1842 eröffneten Wagenbaufabriken und der noch in den Anfängen steckende industriemäßige Abbau von Braunkohle reichten bei weitem nicht aus, die Nachfrage nach Arbeit zu decken und gaben nur etwa 700 Arbeitern dauerhaft Lohn und Brot. Dazu kam, dass sich ein großer Teil der Handwerksmeister und -gesellen durch den Verfall der traditionellen Gewerbe wie Tuch- und Handschuhmacherei in seinen Einkommens- und Lebensverhältnissen kaum von dem der eigentlichen proletarischen Schichten unterschied. Allgemein beklagten die Bürger die Nahrungslosigkeit in Halle. Die materielle Not wurde durch unwürdige Wohnverhältnisse und geistig-kulturelles Elend noch verschärft.

Für ein kinderloses Proletarierehepaar betrug - auf ganz Preußen bezogen - das Existenzminimum, das lediglich das nackte Überleben sicherte, 124 Reichstaler (Rtlr.), vorausgesetzt der Roggenpreis pro Scheffel überstieg einen Taler (Tlr.) nicht wesentlich. Der durchschnittliche Jahreslohn eines Handarbeiters betrug etwa 135 Reichstaler. Für eine fünfköpfige Arbeiterfamilie, wiederum auf ganz Preußen bezogen, wurde das absolute Existenzminimum auf 174 Rtlr. jährlich[6] oder etwa 3½ Rtlr. wöchentlich „mit Rücksicht auf die ungefähre Beihilfe von Frau und Kindern"[7] veranschlagt. Der Tagelohn mancher Handarbeiter in Halle betrug Ende 1848 acht Silbergroschen (Sgr.).[8] Er hätte jedoch 13 Sgr. betragen müssen, um die nötigsten Lebensbedürfnisse zu befriedigen, wie ein anonymer Handarbeiter errechnete: „5 Sgr. (in Brod, 5 Sgr. für Mittags- und Abendessen, 1 Sgr. für Feuerung, 2½ Sgr. für Miethe, ½ Sgr. für Oel macht 13 Sgr. täglich, wo noch nichts für Anzug - oder sonst vorkommende Fälle erwähnt ist."[9] Zudem sei zu berücksichtigen, dass ein Arbeiter zwischen drei und sechs Kinder zu versorgen habe.

10

Legt man zugrunde, dass der preußische Taler zu jener Zeit 30 Sgr. wert war und an sechs Tagen in der Woche gearbeitet wurde, bedeutete dies für jenen Handarbeiter einen Wochenlohn von 1 Tlr. 18 Sgr. Das war etwa die Hälfte des Existenzminimums. Nur wenn seine Frau und eines oder sogar mehrere Kinder für Lohn arbeiteten, konnte die Familie ungefähr 13 Sgr. am Tag verdienen, um den - von dem Ungenannten angegebenen - Mindestbedarf zu sichern. Dabei ist außerdem zu bedenken, dass allein die Preise für das Grundnahrungsmittel Brot in Halle stark differierten. Ein Roggenbrot kostete fünf Silbergroschen, konnte im Gewicht jedoch zwischen 4 Pfund 16 Lot (2.104 g) und 8 Pfund 12 Lot (4.384 g) differieren.[10] Mitte der vierziger Jahre des 19. Jahrhunderts war auch in der Saalestadt auf Grund der niedrigen Löhne die Hungersnot eine chronische Erscheinung für die meisten Proletarierfamilien.[11] Vielfach waren daher Handarbeiterfamilien, die in den Wintermonaten über kein Einkommen verfügten, auf Almosen aus der Armenkasse angewiesen.

Besonders drückend war die Lage der Proletarierinnen, deren Löhne ein Drittel, im günstigsten Falle circa die Hälfte der Männerlöhne betrugen.[12] Die Frau des anonymen Handarbeiters aus Halle bekam vier Sgr. je Tag. Wenn sie viel Glück hatte, vielleicht fünf Silbergroschen. Ihr Tagelohn entsprach also maximal dem Wert des täglich benötigten Roggenbrotes. Es ist nicht verwunderlich, dass sich unter den 807 Almosenempfängern, die die hallesche Armendirektion Ende Februar 1847 im Etat der Armenkasse führte, rund 560 Frauen befanden[13], die zeitweise oder ganzjährig auf Almosen angewiesen waren. Näheres ließ sich über die Lebensumstände der Frauen der proletarischen Schichten Halles in den Jahren vor der 48er Revolution nicht ermitteln.

Zur Ausbeutung durch den Arbeitgeber kam in der Ehe oftmals die Unterdrückung durch den proletarischen Ehemann, denn aufgrund der Rechtlosigkeit der Frau konnte auch der „am meisten unterdrückte Mann [...] ein anderes Wesen unterdrücken - seine Frau. Die Frau ist die Proletarierin ihres eigenen Proletariates"[14], wie die Französin Flora Tristan bereits 1843 in ihrem Buch „Arbeiterunion" nicht nur im Hinblick auf die Verhältnisse in ihrem Land schrieb.

Zwar gab es seit Jahrzehnten in Halle eine gut organisierte private Wohltätigkeit, die sich auf das soziale Engagement verschiedener Frauen- und Männervereine der besser gestellten Bürger stützte, deren Wirken die ärgste Not linderte. Aber sie bekämpfte die Symptome, jedoch nicht die Ursachen des allgemeinen Elends. Einige wohlhabende Bürger in Halle nahmen sich speziell des Loses der Arbeiterinnen und der Proletarierkinder an. Zu ihnen gehörte der Fabrikant und Stadtrat Ludwig Wucherer, auf den maßgeblich die Gründung der ersten Kinderbewahranstalt 1837 zurückgeht. Im Jahre 1843 entstand eine zweite Kinderbewahranstalt für Glaucha und den Strohhof, zwei der ärmsten Stadtviertel. Proletarierfrauen konnten sich oftmals nicht genügend um ihre Kinder kümmern. Dazu fehlten ihnen ausreichende finanzielle Mittel und die notwendige Zeit für die Erziehung. Das hatten die Gründer vor Augen. Allgemein sichtbar war auch in Halle, dass viele unbeaufsichtigt gelassene Proletarierkinder, vor allem Kleinkinder, verwahrlosten, wenn ihnen nicht gar ein Unglück zustieß. Dem wollten die Gründer der Bewahranstalten abhelfen. Diese Einrichtungen standen jedoch nur Kindern von Proletarierfamilien offen, in denen beide Elternteile außer Haus ihrer Arbeit nachgingen. Die Kinder lediger Mütter, die der Fürsorge besonders bedurft hätten, wurden in die von bürgerlichen Frauenvereinen gestützten und betreuten Kinderbewahranstalten nicht aufgenommen.

Eine bürgerliche Frau, die seit den Befreiungskriegen sozial engagierte Professorswitwe Louise Bergener, unternahm in den Jahren 1840/41 einen ersten Versuch, Dienstbotinnen Bildung über das Wenige in der Armenschule gelernte hinaus zu vermitteln. Sie gründete eine Sonntagsschule für angehende weibliche Dienstboten, um Zöglinge der Stadtarmenschule, die als Dienstmädchen vermittelt wurden, auf diese Tätigkeit vorzubereiten und den Marktwert ihrer Arbeitskraft durch das Vermitteln beruflichen Wissens zu erhöhen. Dabei orientierte sich Louise Bergener an der Sonntagsschule für Handwerksgesellen und -lehrlinge, die im Jahr zuvor ins Leben gerufen worden war. Allerdings scheiterte ihr Unternehmen.[15]

Nur wenige weitsichtige Persönlichkeiten - wie der bereits erwähnte Unternehmer Ludwig Wucherer oder der Kaufmann Carl August Jacob - versuchten, im Zuge der Industrialisierung Arbeitsplätze und damit Erwerbsmöglichkeiten zu schaffen, um das Problem des Pauperismus generell und im Interesse der Wahrung des sozialen Friedens zu lösen. Ihre Bemühungen kamen vor 1848 aber über gelegentliche Notstandsarbeiten wie das Niederlegen der Stadtmauern, an deren Stelle das Anlegen von Promenaden oder den Bau der Waisenhausmauer zumeist nicht hinaus. Solche Arbeiten kamen in der Regel jedoch nur Männern zugute. Dem unermüdlichen Kampf Wucherers, der wie kein anderer die Brisanz der Massenarmut in Halle erkannte, verdankt die Stadt den Anschluss an die erste, im Juli 1840 in Betrieb genommene, Eisenbahnlinie in der preußischen Provinz Sachsen, die von Magdeburg nach Leipzig führt.[16] Doch erst ab etwa 1860, als Halle Eisenbahnknotenpunkt geworden war und die Zuckerfabrikation im Umfeld der Stadt den Maschinenbau und den Abbau von Braunkohle als Großindustrie nach sich zog, entstanden relativ dauerhafte Arbeits- und Einkommensmöglichkeiten für das hallesche Proletariat beiderlei Geschlechts.

Trotz des offensichtlichen „permanenten Verhungerns"[17] hatte es seit dem Sommer 1805 keine Empörungen der Proletarier gegen ihre unmenschlichen Lebensbedingungen gegeben. Die Hungersnot von 1816/17 nahmen sie als naturgegeben oder als Folge der Befreiungskriege, als Schicksalsschlag, hin. Doch in den 1840er Jahren bekam in Halle wie anderswo die Armut einen *systemgefährdenden Charakter* und lehrte die begüterten Klassen das Fürchten.[18] Im Frühjahr 1847, am Vorabend der bürgerlichen Revolution, schlug die Situation um. Die Auswirkungen der ersten kapitalistischen Wirtschaftskrise brachten ein Ansteigen der Arbeitslosigkeit mit sich. Auf Grund der Missernte des Vorjahres stiegen die Preise für Roggen und vor allem Kartoffeln, der wichtigsten Nahrungsmittel des Volkes, ins Unerschwingliche.

Dies brachte auch in Halle das Fass zum Überlaufen. Am 22. April 1847 brach eine vom Besitzbürgertum schon lange befürchtete Hungerrevolte aus, obwohl seit den Wintermonaten der Magistrat und ein Hilfsverein wohlhabender Bürger mit Brot-, Kartoffel- und Heizmaterialzuteilungen versuchten, das Schlimmste zu verhindern. Der Aufstand trug Züge einer gewissen organisatorischen Vorbereitung. Bereits am Vortag tauchten in der Stadt Plakatanschläge auf, die zum Aufbegehren aufriefen.[19]

Träger der Hungerrevolte waren vor allem Frauen aus den untersten proletarischen Schichten, „elende und in Lumpen gehüllte Weiber, aber weniger solcher Männer"[20]. Es ist generell ein Charakteristikum der 48er Revolution, dass an sozialen Protestformen wie Katzenmusiken und Brotkrawallen Frauen „nicht nur als Aktivistinnen, sondern wenn es sich um Hungerrevolten handelte, auch als Initiatorinnen geortet"[21] wurden.

Ein Zeitzeuge, der Stärkemacher Johann Christian Heller, schreibt in seinen Erinnerungen: „Aber nicht allein das Brot, sondern auch das Fleisch stieg im Preise auf eine lange Zeit nicht dagewesene Höhe. - Dabei Arbeitslosigkeit. - Auch Kartoffeln, sowie Butter und alles andere an Lebensmitteln stieg im Preise zu solcher Höhe, dass ein großer Theil, namentlich das ärmere Publikum, ganz verzweifelt wurde und [...] an einem Markttage [...] einer Verkäuferin, da dieselbe über siebzig Pfennig für ein Stück Butter verlangte, die Butter in das Gesicht schlug, so ging der Krawall auf dem ganzen Markte los und Butterfässer, Grünewaarenkörbe und Küben wurden von der aufgeregten Menge untereinander geschüttet. Ja, die Furcht ging soweit, dass nicht allein mehrere Fleischer eilig den Markt räumten, sondern auch Landleute, welche Fuhren Getreide nach Halle gebracht, ihre Pferde wieder einspannten und mit ihrem Getreide so schnell wie möglich Halle verließen?"[22] In den folgenden Stunden, bis zum Eingreifen des Militärs, plünderte das aufgebrachte Volk die Mehrzahl der Bäckerläden und verschaffte sich gewaltsam Zutritt zum Speicher des Ökonomen Beyer in der oberen Großen

Steinstraße, wo man gehortete Getreidevorräte vermutete. Als sich dies nicht bewahrheitete, nahm die aufgebrachte Menge von einer Plünderung Abstand. Tote und Verletzte gab es nicht.[23]

Bereits am 4. Juni 1847 verhängte eine aus drei Naumburger Richtern bestehende Untersuchungskommission gegen 24 Männer und 50 Frauen (25 Ehefrauen von Arbeitern, 15 Unverheiratete, vier Ehefrauen von Handwerksgesellen, zwei Witwen, die Ehefrau eines Schiffsknechts, die Ehefrau eines Musikers, die Ehefrau eines Füseliers, eine nicht näher bezeichnete verheiratete Frau) wegen der Teilnahme an einem Tumult Freiheitsstrafen von 14 Tagen bis zu einem Jahr.[24] Den erwachten Willen zum Widerstand brach dies nicht. Auch wenn die Verelendung und die sozialen Proteste nicht der unmittelbare Auslöser der Revolution waren, mobilisierten und sensibilisierten sie in starkem Maße die proletarischen Schichten, die Frauen eingeschlossen, für die kommenden revolutionären Ereignisse.

---

[4] Vgl. Neuß , E.: Zur Geschichte der demokratischen Linken in der revolutionären Bewegung des Jahres 1848 in Halle. In: Die Volksmassen - Gestalter der Geschichte. Hrsg. von Hans-Joachim Bartmuß u. a. - Berlin, 1962, S. 175 (im Folgenden Neuß , E.: Zur Geschichte der demokratischen Linken).

[5] Unter dem Begriff „Proletariat" fasst die Autorin alle besitzlosen, lohnarbeitenden Schichten zusammen. Dazu gehören: Hand- und Fabrikarbeiter/-innen, Tagelöhner/-innen, Heimarbeiter/-innen und Dienstboten beiderlei Geschlechts, zu Lohnarbeitern herabgesunkene Kleinmeister sowie lohnarbeitende Handwerksgesellen. Auch die „Almosengenossen" und das zahlreiche Lumpenproletariat der Stadt werden dazugezählt. Letztere bleiben in den Betrachtungen jedoch weitgehend unberücksichtigt. Auch werden die Begriffe „Proletariat/Proletarier/-in" sowie „Arbeiterschaft/Arbeiter/-in" synonym verwandt. Zeitgenössische Definitionen des Proletariates gehen von „der recht- und besitzlosen Klasse", der „handarbeitenden Klasse" aus, die zur Erkenntnis ihrer sozialen Lage

gekommen ist. Vgl. u. a. Anonymus: Was ist das Proletariat? In: Kuczynski, J.: Bürgerliche und halbfeudale Literatur aus den Jahren 1840 bis 1847 zur Lage der Arbeiter. - Berlin, 1960, S. 37 (im Folgenden Kuczynski, J.: Bürgerliche und halbfeudale Literatur); Herzig, A.: Unterschichtenprotest in Deutschland 1790-1870. – Göttingen, 1988, S. 7 (im Folgenden Herzig, A.: Unterschichtenprotest); Kleinpaul, K.: Das Proletariat. In: Reform. Eine Monatsschrift für die neue Zeit. Hrsg. von G. A. Wislicenus. Augustheft 1848, S. 240-244 (im Folgenden Die Reform).

[6] Vgl. Kuczynski, J.: Bürgerliche und halbfeudale Literatur, S. 83.

[7] Vgl. ebenda.

[8] Vgl. Hallesche Demokratische Zeitung (HDZ), Nr. 140 vom 27. Dezember 1848, Beiblatt „Der Wächter an der Saale".

[9] Ebenda. - Die Rechtschreibung dieses und weiterer zeitgenössischer Zitate wurde von der Autorin im Original beibehalten.

Ein Handarbeiter der seinen Namen nicht nannte, machte im Dezember 1848 im „Wächter an der Saale" diese Rechnung auf. Er reagierte damit auf Friedrich Harkorts Brief „An die Arbeiter der Provinzen", der in Nr. 51 des HPW vom 16. Dezember 1848, S. 1909-1912, abgedruckt worden war. In dem Schreiben hatte Harkort den Arbeitern vorgerechnet, sie könnten mit acht Sgr. Tagelohn ihren und ihrer Familie Lebemunterhalt bestreiten. Insgesamt wurden drei Sendschreiben Friedrich Harkorts 1848/49 in Halle veröffentlicht: außer dem hier zitierten Schreiben noch „Ein Brief an Meister, Gesellen und Fabrikarbeiter", gekürzt wiedergegeben in Nr. 20 des HPW vom 13. Mai 1848, S. 741-745 und der „Brief an die Arbeiter" von Ende Mai 1849, erschienen in der Beilage zu Nr. 152 des Courier vom 4. Juli 1849, S. 11-14.

[10] Vgl. Neuß , E.: Entstehung und Entwicklung der Klasse der besitzlosen Lohnarbeiter in Halle. - Berlin, 1958, S. 269 (im Folgenden Neuß, E.: Entstehung und Entwicklung).

[11] Vgl. Eckartsbergaer Kreisblatt, Nr. 16 vom 16. April 1847.

[12] Vgl. Braun. L.: Die Frauenfrage. Ihre geschichtliche Entwicklung und ihre wirtschaftliche Seite. - Leipzig, 1901, S. 219.

[13] Vgl. HPW, 1. Beilage zu Nr. 21 vom 25. Mai 1847, Anlage: Verzeichnis der Almosengenossen.

[14] Tristan, Flora: Arbeiterunion. Sozialismus und Feminismus im 19. Jahrhundert. Einführung von Yolanda Marco (1977). - Frankfurt/M., 1988, S. 35 (im Folgenden Tristan, F.: Arbeiterunion).

[15] Vgl. Zarend, C.: Lazareth. Suppenanstalt. Dienstmädchen-Institut. Johanne Christiane Louise Bergener (1774-1851). Unveröffentlichtes Manuskript, S. 31-34. - Louise Bergener unterstützte auch die, damals erfolglosen,

Bemühungen des Diakons der Moritzkirche, Friedrich Hesekiel, bereits im
Jahre 1830 eine Kinderbewahranstalt nach Potsdamer Vorbild in Halle zu
gründen.

[16] Piechocki, W.: Der hallesche Arbeiterverein von 1848. In: Mitteldeutsches
Land. Heimatkundliche Zeitschrift der Bezirke Halle und Magdeburg.
- 1. Jahrgang 1957, Heft 1, S. 20-21 (im Folgenden Piechocki, W.: Der
hallesche Arbeiterverein).

[17] Vgl. Ruge, A.: Aus früherer Zeit. Vierter Band. - Berlin, 1867, S. 507-508.

[18] Vgl. Rumpel, Sabine: „Thäterinnen der Liebe". Frauen in
Wohltätigkeitsvereinen. In: Lipp, Carola (Hrsg): Schimpfende Weiber und
patriotische Jungfrauen. Frauen im Vormärz und in der Revolution von
1848/49. - Moos & Baden-Baden, 1986, S. 223.

[19] Vgl. Peters, H.: Die preußische Provinz Sachsen in der Revolution von
1848/49. - Phil. Diss. B., Halle 1978, S. 41-41a (im Folgenden Peters, H.: Die
preußische Provinz Sachsen).

[20] Haller, Ch. J.: Die Lebensgeschichte und die Erlebnisse eines alten
Hallensers. - Halle, o. J., S. 115 (im Folgenden Haller, J. Ch.: Die
Lebensgeschichte und die Erlebnisse eines alten Hallensers).

[21] Hauch, G.: Zwischen Emanzipation, Schwesterlichkeit und Heldentum - die
Revolution von 1848/49 in Europa: Eine Erfolgsstory für Frauen? In: Frauen
in der bürgerlichen Revolution von 1848/49. Hrsg. von J. Ludwig,
I. Nagelschmidt und S. Schötz. - Leipzig. o. J., S. 48; vgl. auch Dies.: Frauen
zielen auch auf Männer. Die weibliche Seite der Revolution. In: Frankfurter
Rundschau vorn 18. Mai 1998, S. 29 (im Folgenden Hauch, G.: Frauen zielen
auch auf Männer); Herzig, A.: Unterschichtenprotest, S. 83-85.

[22] Haller, J. Ch.: Die Lebensgeschichte und die Erlebnisse eines alten
Hallensers. - Halle, o.J., S. 115.

[23] Vgl. Der Courier. Hallische Zeitung für Stadt und Land (Der Courier),
Nr. 95 vom 24. April 1847, S. 1 und Nr. 96 vom 26. April 1847. S. 1.

[24] Der Courier veröffentlichte die Namen der 74 Verurteilten in der Beilage zu
Nr. 145 vom 25. Juni 1847, S. 12-13. Christina Benninghaus schreibt, es seien
unter 75 Verurteilten 50 Frauen und 25 Männer gewesen. Sie beruft sich
ebenfalls auf den „Courier". Vgl. Benninghaus, Ch.: „Hier haben sich aber
viele Leute, meist Weiben, angesammelt..." Frauen in Hungerunruhen in der
Provinz Sachsen und den anhaltischen Herzogtümern 1847. In: Frauen in der
bürgerlichen Revolution von 1848/49. Hrsg. von J. Ludwig, I. Nagelschmidt
und S. Schötz. - Leipzig, o. J., S. 92-93. C. H. vom Hagen schreibt, es seien 87
Männer, Frauen und Kinder verurteilt und 24 Personen von der Anklage der
Teilnahme an einem Tumult freigesprochen worden. Vgl. vom Hagen, C. H.:
Die Stadt Halle nach amtlichen Quellen historisch-topographisch-statistisch

dargestellt. Zweiter Band. - Halle, 1867, S. 357-358 (im Folgenden vom Hagen, C. H.: Die Stadt Halle nach amtlichen Quellen). Diese Aussage übernimmt Erich Neuß in: Entstehung und Entwicklung, S. 272-273.

3. Demokratische Opposition und Proletariat (1844 bis 1848)

In Halle machten sich wie in anderen Städten der preußischen Provinz Sachsen seit Mitte der 40er Jahre erste demokratische Bestrebungen bemerkbar. Im Jahre 1844 konstituierte sich von der Provinzhauptstadt Magdeburg ausgehend, die Bewegung der Bürger- und Volksversammlungen.[25] Am 16. Oktober 1844 fand in der Saalestadt die erste Bürgerversammlung statt. Da die Bürgerversammlungen eigentlich mit dem Erlass vom 6. Mai 1845 in Preußen verboten waren[26], stimmten die Organisatoren dieser Zusammenkünfte daher der Forderung der Regierung zu, auf Weisung Friedrich Wilhelm IV. nur städtische Angelegenheiten zu behandeln und damit das Interesse für kommunale Angelegenheiten zu wecken. Weiterhin wurde bezweckt, die den Stadtverordneten versagte Öffentlichkeit der kommunalpolitischen Angelegenheiten zu gewährleisten und auf Wahlen der Stadtverordneten Einfluss zu nehmen. Trotz der Einschränkungen gestalteten sich die Bürgerversammlungen, die zu dauerhaften Einrichtungen wurden, zu Foren politischer Grundsatzdiskussionen und konnten politische und soziale Forderungen geltend machen. In Halle unterzogen die teilnehmenden Bürger zunehmend die Anordnungen der *Obrigkeit*, gleich welcher Ebene, der Kritik.[27] An den Bürgerversammlungen nahmen auch in Halle Frauen regen Anteil, wenngleich nur als Zuschauerinnen und -hörerinnen. Die öffentlichen Aktionen unmittelbar vor und während der Revolution „emotionalisierten und mobilisierten massenhaft Frauen für die Ziele und Errungenschaften der Revolution"[28]. Sie weckten nicht nur bei Frauen aus dem Bürgertum, sondern ebenso bei Proletarierinnen politisches Interesse.

Denn Zulauf hatten die Bürgerversammlungen nicht nur seitens des Kleinbürgertums, sondern am Anfang auch aus der Klasse der besitzlosen Lohnarbeiter. Gern gesehen war ihre Teilnahme nicht, besonders dann nicht, wenn Fragen des sozialen Lebens zur Debatte standen[29], die den Teilnehmenden Einsicht in ihre Lage vermitteln konnten. Ein Unbekannter legte den Arbeitern bereits im November 1844 indirekt nahe, den Versammlungen fernzubleiben.[30] Zu diesem Zeitpunkt fanden Wahlen zur Stadtverordnetenversammlung statt, wovon die meisten Proletarier ohnehin ausgeschlossen waren. Jener Bürger sprach den Arbeitern obendrein den nötigen Sachverstand ab, um die nach seiner Meinung geeigneten Kandidaten auswählen zu können.[31]

Gab es in Magdeburg bereits seit 1840 erste Formen einer organisierten Arbeiterbewegung[32] und ab 1846 einen Arbeiter-Bildungsverein[33], trat das hallesche Proletariat jedoch in das Jahr 1848 als „ein politisch stummer und zu keiner Meinungsäußerung zugelassener noch williger Teil der Einwohnerschaft"[34] ein. Für diese Annahme spricht, dass aus den Jahren vor der bürgerlichen Revolution von 1848/49 kein proletarischer Wortführer bekannt ist. „Dem hallischen Proletariat (deshalb) Mangel an politischer Aktivität vorzuwerfen heißt, (es) mit heutigen Maßen zu messen"[35]. Es musste bis zum Ausbruch der 48er Revolution noch den Reifeprozess durchlaufen, der in Magdeburg bereits zu einem gewissen Abschluss gekommen war.

Als Fürsprecher der Ausgebeuteten galten bis in das Jahr 1848 die beiden konstitutionellen Demokraten und Redakteure des „Bürgerblattes" Julius Hasemann, Diakon an der Marienkirche, und Friedrich Körner, Lehrer an der Realschule des

Waisenhauses (den Franckeschen Stiftungen - d. A.). Sie vor allem nahmen sich der Sache des halleschen Proletariates an.[36] Julius Hasemann und Friedrich Körner brachten, unter anderem in den Bürgerversammlungen, einen Teil der Arbeiterschaft bis zu einem gewissen Grade zum Bewusstsein seiner Lage. Im Verlaufe der Revolution gesellte sich ihnen der Weinhändler und Herausgeber der „Halleschen demokratischen Zeitung", Gustav Wilhelm Rawald, einer der entschiedensten Demokraten der Stadt, hinzu. Er öffnete seine Zeitung den Arbeitern und ihrem 1848 gegründeten Verein. Besonders im Beiblatt „Der Wächter an der Saale" äußerten sich in der Revolutionszeit erstmals auch Arbeiter als Einzelpersonen ohne Scheu zu den sie interessierenden Themen. Hasemann, Körner und Rawald als Vertreter des liberal oder demokratisch gesinnten Bürgertums genossen nicht nur die Achtung der Arbeiter, sondern trugen zu den Anfängen jener politischen Konzentration bei, „[...] deren Keim der Volksverein mit seinen [...] 700 Mitgliedern, deren Früchte aber der Kreisausschuß sächsischer Demokraten-Vereine, in gewissem Sinne auch der hallische Arbeiterverein und dessen „militärischer" Parallelverband, das Lancierkorps, waren"[37].

Der Volksverein, wie sich Halles demokratisch-republikanischer Verein nannte, wurde am 14. April 1848 im Gasthaus „Zur Weintraube" in Giebichenstein, zumeist von Mitgliedern der Freien christlichen Gemeinde, gegründet.[38] Und es „schien bis gegen Ende 1848 fast so, als sollte die freie Gemeinde ganz in den Volksverein aufgehen. Die Gebiete der freien Gemeinde und des Volksvereins scheinen nicht auseinander gehalten werden zu können."[39] Wie anderen Orts waren in Halle die freien Gemeinden „Urziele einer künftigen demokratischen Gesellschaft".[40]

---

[25] Vgl. Tullner, M.: Die Revolution von 1848/49 in Sachsen-Anhalt. - Halle, 1998, S. 31-35 (im Folgenden Tullner, M.: Die Revolution in Sachsen-Anhalt). Zur Beteiligung von Arbeitern an Bürger- und Volksversammlungen vgl. auch Kolbe, G.: Demokratische Opposition in religiösem Gewande und antikirchliche Bewegung im Königreich Sachsen. Zur Geschichte der deutschkatholischen und freien Gemeinden sowie freireligiösen Vereinigungen von den 40er Jahren des 19. Jahrhunderts bis um 1900 unter besonderer Berücksichtigung ihres Verhältnisses zur kleinbürgerlich-demokratischen und Arbeiterbewegung. - Inauguraldissertation, Leipzig, 1964, S, 14 ff.
[26] Vgl. Paletschek, S.: Frauen und Dissens. Frauen im Deutschkatholizismus und in den freien Gemeinden 1841-1851. - Göttingen, 1990, S. 32 (im Folgenden Paletschek, S.: Frauen und Dissens).
[27] Vgl. Peters, H.: Die preußische Provinz Sachsen, S. 33-35.
[28] Hauch, G.: Frauen zielen auch auf Männer, S. 29.
[29] Vgl. Neuß, E.: Entstehung und Entwicklung, S. 274.
[30] Vgl. ebenda.
[31] Vgl. HPW, Nr. 45 vom 9. November 1844, S. 1468.
[32] In Magdeburg bestand seit etwa 1840 eine der wenigen deutschen Gemeinden des „Bundes der Gerechten". Vgl. Tullner, M.: Die Revolution in Sachsen-Anhalt, S. 37.
[33] Vgl. Quarck, M.: Die erste deutsche Arbeiterbewegung. Geschichte der Arbeiterverbrüderung 1843/49. - Leipzig, 1924, S. 27 (im Folgenden Quarck, M.: Die erste deutsche Arbeiterbewegung).
[34] Ebenda.
[35] Neuß, E.: Zur Geschichte der demokratischen Linken, S. 208.
[36] Vgl. Neuß , E.: Entstehung und Entwicklung, S. 275.
[37] Neuß, E.: Entstehung und Entwicklung, S. 275.
Der Volksverein war der demokratische Verein Halles. Das Lancierkorps wurde am 11. Juni 1848 auf dem Holzplatz, vorwiegend von Arbeitern, gegründet Es war, worauf der Name hinweist, nur mit Lanzen bewaffnet und zunächst eine selbständige Abteilung außerhalb der Bürgerwehr. Im Sommer 1848 wurde es in diese integriert. Dem Lancierkorps traten circa 100 Arbeiter, Handwerksgesellen und auch einige Lehrer bei, Seine hohe Disziplin beruhte auf der Solidarität der Mitglieder untereinander. Der erste Führer war der Maurer Carl Meyer. Als dieser am 23. Oktober 1848 aus persönlichen Gründen zurücktrat, übernahm der Jäger Carl Fischer das Kommando über das Korps.

Vgl. u. a. HDZ, Nr. 140 vom 24. Dezember 1848; vom Hagen, C. H.: Die Stadt Halle nach amtlichen Quellen. Erster Band, Halle, 1867, S. 378; Neuß , E.: Entstehung und Entwicklung, S. 275.

[38] Vgl. Der Courier, Erste Beilage zu Nr. 91 vom 17. April 1848, S. 12; Vgl. auch Freie allgemeine Kirchenzeitung (FaK), Jahrgang 1849, S. 142.

[39] FaK, Jahrgang 1849, S. 142.

[40] Paletschek, S.: Frauen und Dissens, 1990, S. 76.

4. Kirchliche Opposition und sich formierende Arbeiterbewegung

Wie damit bereits angedeutet, trugen die freireligiösen Bewegungen der vierziger Jahre, die protestantischen *Lichtfreunde*[41] und der Deutschkatholizismus[42], zur Formierung der demokratischen Kräfte bei. Beide Bewegungen entstanden aus den kritischen Auseinandersetzungen in christlichen Kirchen, den Stützen des feudal-absolutistischen Staatsgebäudes. Die freireligiösen Gemeinden vereinten liberale, rationalistisch gesinnte Geistliche und Bürger, demokratische Kleinbürger, Handwerksgesellen und Arbeiter. In der Provinz Sachsen gewannen vor allem die protestantischen Lichtfreunde Einfluss auf die politischen Prozesse in den Jahren bis 1848.[43]

Halle, wo reformwillige Christen 1845 zunächst eine deutsch-katholische und 1846 die erste freie christliche (protestantische) Gemeinde überhaupt gründeten, war neben Magdeburg, Nordhausen und Halberstadt eines der Zentren der Lichtfreunde-Bewegung in der Provinz Sachsen. Die Organisatoren der hiesigen Bürgerversammlungen, Julius Hasemann[44], Friedrich Körner[45] und Gustav Rawald[46] waren Mitglied in einer der freireligiösen Gemeinden der Stadt. Der Sprecher der Freien christlichen Gemeinde (kurz Freie Gemeinde genannt - d. A.) und Vorsitzender des Volksvereins, Gustav Adolph Wislicenus, genoss die uneingeschränkte Achtung eines Großteils der halleschen Arbeiterschaft. Spätere Mitglieder des Arbeitervereins, wie der erste Vorsitzende des Vereins, der Handarbeiter Johann Jacob Rockstroh, genannt Traxdorf[47], und der Buchbinder und Leihbibliothekar Edmund Friedrich Benjamin Krause, der zuletzt an der Spitze des Vereins stand[48], gehörten einer der

Dissidentengemeinden an. Johann Traxdorf war Mitglied der Freien Gemeinde, Benjamin Krause der Vereinigten freien christlichen Gemeinde beigetreten. Wie groß der Anteil von Arbeitern und Arbeiterinnen, Gesellen und kleinen Handwerksmeistern sowie deren Ehefrauen und Familien-angehörigen an den freireligiösen Gemeinden jedoch tatsächlich gewesen ist, kann beim derzeitigen Stand der Forschungen nicht exakt beantwortet werden, da entsprechende Mitglieder-verzeichnisse nicht vorlagen[49].

Nachweisen lassen sich jedoch die Kirchenaustritte sowie die Eheschließungen in der deutsch-katholischen und der vereinigten freien Gemeinde. Zwischen Januar 1847 und Dezember 1953 traten insgesamt 248 Personen aus den beiden Kirchen aus. Der überwiegende Teil, 130 Männer und 82 Frauen, kommt aus dem Proletariat.[50] Wie viele dieser Personen in die Disidenten-gemeinden eintraten, lässt sich nicht nachvollziehen. Nicht nachweisbar ist, wie viele Eheschließungen in der freien Gemeinde um Wislicenus vollzogen wurden, da diese Gemeinde kein Kirchenbuch führte. In der deutsch-katholischen Gemeinde wurden 13 Ehen und in der vereinigten freien Gemeinde 15 Ehen geschlossen.[51]

Anziehend war für die niederen Stände unter anderem, dass „ein eigenthümlich-erquickendes geselliges Leben in den freien Gemeinden (herrscht), und ihre Mitglieder sind in der Folge ihres Austritts aus den Staatskirchen frei von so mancher Bevormundung und störenden Einmischung"[52]. Es fehlte „die unheimliche Vormundschaft, der man so gern auch die religiösen Ansichten der Menschen unterthan machen möchte [...]"[53] Desweiteren wurden die den freien Gemeinden beitretenden

Proletarier und kleinen Handwerker frei von „drückenden Stol-Gebühren und andere(n) Abgaben an die Pfarreien, unterwelchem Namen sie auch immer erhoben werden"[54], die zu den ohnehin schon hohen Steuern noch hinzukamen. Zudem waren in der religiösen Oppositionsbewegung „[...] Aufklärung, Rationalität, Religionszweifel, Sinnsuche, Bedürfnis nach Transzendenz auch eine Angelegenheit der *kleinen Leute*, der Handwerkersehefrauen, der Schneidermeister, der Tagarbeiter und der Dienstmädchen"[55]. In den freien Gemeinden erlebten sie eine Gemeinschaft, deren Zusammenleben und soziale Integration sich an den Normen und Werten des Urchristentums orientierte. Die Gemeinde sicherte auch ärmeren Mitgliedern im Bedarfsfall eine unkomplizierte, nicht an ein bestimmtes moralisches und religiöses Wohlverhalten gebundene Hilfe. Proletarier und Proletarierinnen fühlten sich hier als Mensch und als geachtetes Mitglied der Gemeinschaft.[56] Die Ideen der Freien Gemeinden von brüderlicher Liebe und einer harmonischen und humanen, von Not und Unwissenheit freien Gesellschaft über den Weg der „Organisation der Arbeit und Bildung"[57], wie Wislicenus in Halle anstrebte, fanden besonders bei ihnen Resonanz.

Die Überzeugung von der Mündigkeit und Urteilsfähigkeit des und der Einzelnen, unabhängig vom Bildungs- und Vermögensstand, durchdrang die religiösen Vorstellungen. Die Bedeutung, die die Freireligiösen Halles der individuellen Glaubensfreiheit zumaßen, zeigt sich am Verhalten des Mehlhändlers und Bäckers August Leopold Füller. Auf der Lichtenburg - nach dem Grund seines Übertrittes in die freie Gemeinde befragt - gab er an, dass in der freien Gemeinde „das schwer errungene Kleinod der Freiheit des Worts und des Bekenntnisses gewahrt und keine Heuchelei geduldet wurde."[58]

Die Dissidentengemeinden wurden für die Arbeiter noch weit mehr als die Bürgerversammlungen zu einer Schule in Sachen Basisdemokratie und Emanzipation. Das war jedoch nur die eine Seite. Arm und Reich, *Mann und Frau* waren *innerhalb* der Gemeinde *gleichberechtigt.* Für die damalige Zeit, in der noch nicht einmal das politische Wahlrecht für alle Männer auf der Tagesordnung stand, bedeutete dies eine unerhörte emanzipatorische Leistung hinsichtlich der Gleichstellung der Geschlechter, die auch heute noch beispielgebend wirkt. Die deutsch-katholischen Gemeinden gewährten in der Mehrzahl den weiblichen Mitgliedern das aktive und passive Wahlrecht bei Vorstandswahlen. Für die vom politischen Wahlrecht und der Mitbestimmung in gesellschaftlichen Angelegenheiten gänzlich ausgeschlossenen Frauen dürfte dieser Fakt nicht unwesentlich für einen Beitritt gewesen sein. Das aktive und passive Wahlrecht für Frauen wurde auch von freien protestantischen Gemeinden, zum Beispiel der Nordhäuser, und vom 1845 gegründeten Verein freier Gemeinden übernommen.

Die freie Gemeinde Halle nahm ebenfalls Personen beiderlei Geschlechts ab dem 18. Lebensjahr auf. Sie bekannte sich in ihren Grundsätzen „[...] zum Humanismus, zur Religion der Menschlichkeit, welcher das Wesen und das Wohl des Menschen Grund, Mittelpunkt und Ziel ist [...]"[59]. In diesem Sinne war die Gemeinde keine Kirchengemeinde, sondern vielmehr „eine Gesellschaft, die ihre geselligen, wissenschaftlichen, künstlerischen Interessen, ihre Bildungs- und Gemütsinteressen, auf dem Boden der antikirchlichen, rein humanen Welt verfolgt“[60]. Vorwiegend also auf rein *weltliche Dinge* konzentriert, vermittelte das *demokratisch* organisierte Gemeindeleben den beigetretenen Proletariern beiderlei Geschlechts erste Erfahrungen in Sachen Demokratie. Es gab darüber hinaus nicht nur eine Bibliothek, auf die sie zurückgreifen konnten. Hier erhielten sie eine, durch populärwissenschaftliche und historische Vorträge, breite Allgemeinbildung vermittelt. Auch die sozialen Fragen der Zeit und die Mittel zur Abhilfe wurden diskutiert. Besonders verdient machte sich als Lehrer und Gemeindebibliothekar der Wahrsozialist Rudolph Benfey, eines der vier jüdischen Mitglieder.[61] Die in der freien Gemeinde genossene Bildung half Arbeitern und Gesellen, die Ursachen ihrer drückenden Lage zu erkennen. Nach Arnold Ruges Einschätzung war die hallesche freie Gemeinde keine Kirchengemeinde mehr, sondern eine Gemeinschaft, die ihre geselligen, wissenschaftlichen, künstlerischen Bedürfnisse ebenso wie ihre Bildungs- und „Gemütsinteressen“ auf dem Boden einer antikirchlichen, rein humanen Weltanschauung verfolgte.[62]

Diese Bildung und das damit vermittelte Weltbild prägte unter anderem die Vorstellungen darüber, wie und auf welchem Wege dies geschehen könnte. Gedankengut der freien Protestanten hinsichtlich der Änderung der bestehenden sozialen Verhältnisse auf dem Wege des sozialen Ausgleichs zum Vorteil auch der Besitzenden findet sich später im halleschen Arbeiterverein wieder: „Keine Gleichmacherei des Besitzes, [...] auch keine Verwandlung alles Privatbesitzes in einen Allgemeinbesitz [...] sondern Ausgleichung von Armuth und Reichthum im Sinne und im Geiste des Christenthums, durch freiwillige Opfer von Seiten der Reichen und durch eine Gestaltung der Erziehung, durch welche in den Armen die Kraft, Geschicklichkeit und Neigung durch Arbeit zu erwerben, und in den Reichen die Geschicklichkeit und Neigung zu einer zu Heil und Frommen der Brüder zu übenden Verwaltung des ihnen anvertrauten Gutes geweckt, ausgebildet und großgezogen wird, eine Ausgleichung, welche die reichste Mannichfaltigkeit von Abstufungen in Besitz und in Arten des Lebensglückes bestehen, aber weder den Armen durch seine Armuth, noch den Reichen unter der Bürde seines Reichthums unglücklich werden und unterliegen lässt."[63]

Wer die Geschichte und das Wirken einiger der Arbeiterverbrüderung angeschlossenen Vereine, so auch des halleschen, näher betrachtet, kommt zu der Schlussfolgerung, dass die „deutsche Arbeiterbewegung der Konstituierungsepoche [...] in einer wichtigen Komponente ihres Entstehens Folge der Auflösungserscheinungen innerhalb des Protestantismus (Beispiel Lichtfreunde, andere freikirchliche Bewegungen) und, wenn auch etwas geringer, des Katholizismus (u. a. Deutschkatholizismus) ist"[64]. Zutreffend scheint diese Feststellung vor allem auf jene Arbeitervereine zu sein, die - in der emanzipatorischen Tradition freireligiöser Gemeinden stehend - Frauen als Mitglieder aufnahmen. Zum Beispiel existierten in Berlin, Königsberg und Breslau, wo außer in Halle ebenfalls Frauen in das betreffende Lokalkomitee der 1848 gegründeten Arbeiterverbrüderung aufgenommen wurden, ebenfalls freie Gemeinden.[65]

---

[41] Die Bewegung der Lichtfreunde oder Protestantischen Freunde etablierte sich 1841 in Gnadau bei Köthen. Hauptinitiator war Leberecht Uhlich, protestantischer Pfarrer und später Sprecher der freien protestantischen Gemeinde in Magdeburg. Uhlich fand in den 60er Jahren des 19. Jahrhunderts zur Arbeiterbewegung.

[42] Anlass für die Entstehung dieser freireligiösen Bewegung war 1844 die Ausstellung des Heiligen Rockes in Trier. Initiator des Deutschkatholizismus war Johannes Ronges, katholischer Pfarrer in Breslau.

[43] Vgl. Kathe, H.: Preußen zwischen Mars und Musen. Eine Kulturgeschichte von 1100 bis 1920. - München/Berlin, 1993, S. 332.

[44] Julius Hasemann gehörte zur Freien christlichen (protestantischen) Gemeinde. Dies geht aus einem Bericht über die „Lichtfreunde" im Courier, Nr. 221 vom 22. September 1845, S. 9, hervor.

[45] Friedrich Körner gehörte der am 3. Oktober 1847 aus der Deutsch-katholischen und Teilen der Freien christlichen Gemeinde („Lichtfreunde") hervorgegangenen Vereinigten Freien Christlichen Gemeinde an, Ob er „Lichtfreund" oder Deutschkatholik war, läßt sich nicht feststellen. Körner übernahm nach der Verurteilung Bernhard Martin Gieses, des Predigers dieser Gemeinde, zu Festungshaft Anfang 1849, dessen Amt als Laienprediger. 1850 zwangen ihn die preußischen Behörden, das Predigeramt niederzulegen. Im Jahre 1851 verließ Körner Halle.

[46] Gustav Wilhelm Rawald (und wahrscheinlich auch seine Frau Emilie) war Mitglied der Freien christlichen Gemeinde Halles. Vgl. Der Courier, Nr. 78 vom l. April 1848, S. 9-10.

[47] Traxdorf gehörte zu denjenigen Arbeitern, die aus der evangelischen Landeskirche aus- und der Freien christlichen (protestantischen) Gemeinde um G. A. Wislicenus beitraten. Sein Kirchenaustritt erfolgte im Frühjahr 1850.

[48] Buchbinder Krause war zum Zeitpunkt des Prozesses gegen den letzten Vorstand des Arbeitervereins Mitglied der Vereinigten Freien Christlichen Gemeinde. Dies wird 1851 in den Akten ausdrücklich vermerkt. Vgl. Landesarchiv Merseburg (im folgenden LA Merseburg), Rep. C 48, Regierung Merseburg, Ie Nr. 158 I, Bl. 322-323; vgl. auch Neue Reform, Nr. 14 vom 6. April 1850, Sp. 224.

[49] Die Geschichte der freireligiösen Gemeinden in Halle ist bisher weitgehend unerforscht und bedarf noch einer geschlossenen Darstellung.

[50] StAH, Historische Aktenabteilung, Kap. III, ABT: Ga, Nr. 20.

[51] B 8; Kirchenbuch der deutsch-katholischen und vereinigten freien Gemeinde.

[52] Kleinpaul, K.: Warum sind es vorzugsweise die niederen Stände, die sich an den Bestrebungen der freien Gemeinden beteiligen? In: Kirchliche Reform, Februar 1848, S. 62.

[53] Frauen-Zeitung. Hrsg. von Louise Otto (im Folgenden Frauenzeitung), Nr. 12 vom 23. März 1850.

[54] Ebenda.

[55] Paletschek, S; Frauen und Dissens, S. 116.

[56] Vgl. ebenda, S. 116-118.

[57] Brederlow, J.: „Lichtfreunde" und „Freie Gemeinden", S. 75.

[58] Landesarchiv Merseburg, Rep. C 48, Regierung Merseburg, Ie 906 I, Bl. 85.

[59] Neue Reform, Nr. 9 vom 2. März 1850, Sp. 140.

[60] Ruge, A.: Gustav Adolph Wislicenus. In: Volks-Taschenbuch für 1850. Altona, 1850, S. 151.

[61] Vgl. FaK, Jahrgang 1849, S. 140.

[62] Ruge, A.: Gustav Adolph Wislicenus. In: Volks-Taschenbuch für 1850. Altona 1850, S. 143-154.

[63] Anonym: Wie schafft man Brot? Wie schafft man Arbeit? In: Kirchliche Reform, September 1846, S. 1-2.

[64] Zwahr, H.: Die Konstituierung der Arbeiterklasse in revolutionsgeschichtlicher Sicht. In: Kossok, M./Kross, E.: Proletariat und bürgerliche Revolution (1830-1917). Vaduz/Liechtenstein, 1990, S. 55.

[65] Berlin: Hier gab es zwei freireligiöse Gemeinden, die deutsch-katholische Gemeinde um Prediger R. Brauner und eine freie Gemeinde, die sich nach 1850 Adolph Timotheus Wislicenus, den jüngeren Bruder des halleschen Wislicenus und bis dahin Prediger in der freien Gemeinde Halberstadt, zum Prediger erwählte.
Breslau: Deutsch-katholische Gemeinde zunächst um Prediger Johannes Ronge, später Theodor Hofferichter; im Ältestenrat Christian Gottfried Daniel Nees von Esenbeck, 1848 Mitbegründer des örtlichen Arbeitervereins und der Arbeiterverbrüderung.
Königsberg: Freie Gemeinde um Prediger Julius Rupp, später Hartmann Rasche.

5. Erste Aktionen nach der Märzrevolution 1848

Im Verlauf des Jahres 1848 wuchs unter jenen Proletariern Halles, die bereits ein Gefühl für den Interessengegensatz gegenüber den ausbeutenden Kapitalisten entwickelten, die Erkenntnis der Notwendigkeit proletarischen Zusammenhaltens und organisatorischer Vereinigung. Solidarität und Organisation sollten in ihrem Selbstverständnis ihre Positionen gegen die Kapitalmacht stärken, um ökonomische und soziale Interessen durchsetzen zu können. Dieser Erkenntnisprozess wurde durch die Rezeption von Theoriegut unterstützt[66], in Halle wahrscheinlich vorrangig wahrsozialistischen Inhalts.[67] Es setzte sich in Halle, wie generell in der elementaren Arbeiterbewegung, die Auffassung durch, dass es notwendig war, sich organisatorisch, politisch und ideologisch von der Bourgeoisie und dem demokratischen Kleinbürgertum zu trennen. So war das „charakteristische Merkmal des Jahres 1848 [...] für Deutschland der Eintritt der arbeitenden Klassen in die politische Welt"[68].

Maurer- und Zimmergesellen waren die ersten Proletarier Halles, die Anfang April 1848 mit zielbewussten ökonomischen Forderungen an die Öffentlichkeit traten. Das hatte es in der Stadt bis dahin noch nicht gegeben. Es gelang den Maurern und Zimmerern um ihren Wortführer Heinrich Kanzler, gegenüber den Meistern eine Erhöhung des Tagelohns auf 15 Sgr. und die Verkürzung der Arbeitszeit um eine Stunde auf 14 Stunden täglich durchzusetzen.[69] Heinrich Kanzler hatte die bescheidenen Ansprüche im Namen seiner Mitgesellen wie folgt begründet: „Wer da weiß , daß wir nur im Sommer unser Brod auch für den Winter mitverdienen und von jenem Lohne eine zahlreiche

Familie erhalten müssen; wer da weiß, wie sehr alle Bedürfnisse gestiegen und mit dem Lohne kaum mehr im Verhältnis stehen", der werfe, schließt Kanzler seine Erklärung, „auf Genügsame keinen Stein"[70]. Zwar billigten die Meister den Arbeitern nur 14 Sgr. und 9 Pfennig zu. Doch angesichts der drückenden Lage, der Furcht vor einem neuerlichen Aufbegehren und auch um laufende kommunale Bauvorhaben nicht zu gefährden, kam die Stadtkasse aus den Einnahmen aus der Mahl- und Schlachtsteuer für die fehlenden drei Pfennige auf.[71]

Die Maurer organisierten sich gemeinsam mit Gesellen anderer Gewerke im Sommer 1848 im sogenannten „Frankfurter Gesellenkongress". Der halleschen Sektion stand der Maurergeselle Heinrich Jordan vor. Einige wenige Maurer, wie Heinrich Kutscher und August Seifert, fanden im Herbst 1848 auch zum Arbeiterverein. Gottlieb Henze, der stellvertretende Vorsitzende des Arbeitervereins, hatte im „Gesellenkongress" die Funktion des Schriftführers inne.[72]

Die Ansprüche der halleschen Maurer- und Zimmergesellen forderten nicht nur bei den Arbeitgebern Unmut und Widerstand heraus. Es war neu, dass Ausgebeutete sich nicht mit dem begnügten, was ihnen durch Wohltätigkeit zur Linderung ihres elenden Daseins zugeteilt wurde, sondern selbstbewusst einforderten, was sie für notwendig erachten, um ihre soziale Lage zumindest teilweise zu verbessern. Selbst bei Teilen der Arbeiterschaft stießen die Maurer- und Zimmerergesellen auf Unverständnis. Angesichts der Wirtschaftskrise waren Arbeiter teilweise eher geneigt, noch Abstriche von ihrem geringen Lohn hinzunehmen und Wohlverhalten zu zeigen. Dies belegt ein Beispiel aus der näheren Umgebung, welches sich kurze Zeit später zutrug. Einem „Eingesandt" im Courier zufolge „fanden sich die sämmtlichen Fabrik-Arbeiter der Prinz-Carls-Hütte bei Rothenburg bei ihrem Vorstande ein und erklärten ihm im Gegensatz jener Forderungen, dass sie keineswegs weder einen erhöheten Lohn noch eine Verkürzung der Arbeitszeit verlangen wollen. Sie sähen wohl ein, dass bei den vorhandenen Verhältnissen die Arbeiten weniger und die Erlangung der Bezahlung schwieriger werden müsse, und deshalb waren sie gern zufrieden mit den bisherigen Verhältnissen, ja sie erklärten sich dahin, dass sie selbst - wenn es sein müßte - mit Abschlagzahlungen auf kurze Zeit zufrieden sein wollen, müssten jedoch wünschen, daß ihnen Getreide zu Brod mit darauf verabreicht würde"[73]. Der Einsender zieht in seiner Leserzuschrift den Schluss, wenn „in unserm lieben deutschen Vaterlande sich solche Gesinnungen mehrfach kund gäben, so würden wir bald einer bessern, festen Grundlage des Gewerbe- und Arbeiterzustandes entgegen sehen können"[74]. Doch längst nicht alle Arbeiter waren mehr bereit, wie das Beispiel der Maurer- und Zimmergesellen in Halle verdeutlicht, zugunsten des sozialen Friedens auf berechtigte Forderungen auf ihre Kosten zu verzichten.

Vermutlich unternahmen Proletarier im Juni 1848 auch den Versuch, also ebenfalls noch vor der Gründung des Arbeitervereins, eine *Hallesche Stiftung des Dienst- und Arbeits-Personals zur Errichtung einer Kranken- und Sterbekasse sowie einer Kinder-Bewahrungs-Anstalt* ins Leben zu rufen[75] Die unbekannten Gründungsmitglieder dieses Unterstützungsvereins verstanden unter dem Dienst- und Arbeitspersonal die „1) Bedienten, 2) Kutscher, 3) Dienstknechte, 4) Hand- und Torf-Arbeiter, sowohl bei einzelnen Dienstherren als an der Eisenbahn und in den Fabriken"[76]. Auch die Frauen wurden ausdrücklich aufgefordert, sich einschreiben zu lassen. Die am 11. Juni 1848 angenommenen Statuten legten einen Aufnahmebeitrag von 7 Sgr. 6 Pf. und einen Monatsbeitrag von 2 Sgr. 6 Pf. fest. Es war vorgesehen, bis Ende des Jahres diese Beiträge aufzusparen, um ab 1. Januar 1849 ein wöchentliches Krankengeld von 1 Tlr. und ein Begräbnisgeld von 5 Tlr. an die Mitglieder zahlen zu können. Der Vorstand stellte höhere Zahlungen in Aussicht, eine günstige Mitgliederentwicklung vorausgesetzt. Jedoch scheint diese Unterstützungskasse nicht erfolgreich gewesen zu sein.

Proletarier schlossen sich nicht nur kurzzeitig zu, auf die Durchsetzung von Lohn- und sozialen Forderungen gerichteten, Zweckbündnissen zusammen. In Deutschland entstanden, wie in Frankreich nach der Februarrevolution, nach dem Sieg der Märzrevolution zahlreiche Arbeiterorganisationen. Sie reflektierten sowohl verschiedenartige Bedürfnisse und Bestrebungen der Arbeiter als auch ein differenziertes soziales und politisches Niveau und wurden zuweilen von verschiedenen Schichten der sich formierenden Klasse (was sich auch in Halle zeigen sollte) getragen.[77]

---

[66] Vgl. Schneiderheinze, M.: Zur Entwicklung der Arbeiterdiskurssion 1848-1850. Erkenntnisprozesse bei der Herausbildung proletarischen Klassenbewußtseins. (Unter besonderer Berücksichtigung der „Allgemeinen Deutschen Arbeiterverbrüderung" und des Kölner Arbeitervereins). - Diss. A, Leipzig, 1983, S. II-V (im Folgenden Schneiderheinze, M.: Zur Entwicklung der Arbeiterdiskussion).
[67] Bis zu seiner Vertreibung im Jahre 1847 lebte Rudolph Benfey, der auch ein bekannter Wahrsozialist war, in Halle. 1848 schrieb er in der von G. A. Wislicenus herausgegebenen „Reform". Vgl. Benfey; R.: Der Sozialismus und seine Zukunft. In: Die Reform, Teil 1 in Nr. 1/1848, S. 29-38; Teil 2 in

Nr. 2/1848, S. 46-56; Teil 3 in Nr. 3/1848, S. 94-105. Vgl. zum Einfluss des Wahrsozialismus auf die proletarische Bewegung Mitte des 19. Jahrhunderts auch: Balser, F.: Sozial-Demokratie 1848/49-1863. Die erste deutsche Arbeiterorganisation „Allgemeine Deutsche Arbeiterverbrüderung" nach der Revolution. - Stuttgart, 1962, S. 81 (im Folgenden Balser, F.: Sozial-Demokratie 1848/49-1863).
[68] Born, St.: Erinnerungen eines Achtundvierzigers. - Leipzig, 1898, S. 29.
[69] Vgl. HPW, 2. Beilage zu Nr. 18 vom 4. Mai 1848, S. 689; vgl. auch Neuß, E.: Entstehung und Entwicklung, S.281.
[70] Ebenda.
[71] Vgl. Neuß, E.: Entstehung und Entwicklung, S. 231.
[72] Vgl. Schlechte, H.: Die allgemeine deutsche Arbeiterverbrüderung 1848-1850. Dokumente des Zentralkomitees für die deutschen Arbeiter in Leipzig. - Weimar, 1979, Dok. 133, S. 254.
[73] Der Courier, Nr. 84 vom 9. April 1848, S. 12. Gemeint ist in der Zuschrift Rothenburg im Saalkreis.
[74] Ebenda.
[75] HPW, 2. Beilage zu Nr. 24 vom 15. Juni 1848, S. 948.
[76] Ebenda.
[77] Vgl. Schmidt, W.: Proletariat und bürgerliche Revolution 1848/49. Die europäische Arbeiterbewegung in der Achtundvierziger Revolution. - Versuch eines historischen Vergleichs. In: Kossok. M / Kross, E. (Hrsg): Proletariat und bürgerliche Revolution (1830-1917). Vaduz/Liechtenstein, 1990, S. 129 (im Folgenden Schmidt, W.: Proletariat und bürgerliche Revolution 1848/49).

6. Die Gründung des Arbeitervereins zu Halle

Nach der deutschen Märzrevolution gewann 1848 die elementare Arbeiterbewegung an Selbstbewusstsein und ein deutlich kämpferisches Profil. Vom 23. August bis 3. September 1848 fand der von verschiedenen Arbeitervereinen einberufene Berliner Arbeiterkongress statt. Der Aufruf zur Abhaltung dieses *Arbeiterparlaments*, ursprünglich für den 20. bis 26. August geplant, erschien am 27. Juni 1848 im „Volk"[78]. Er war unterschrieben von Friedrich Krüger vom Königsberger Arbeiterverein, Ernst Krause und A. Lucht vom Maschinenbauerverein Berlin, C. Bühring vom Hamburger Arbeiterverein, F. E. Steinhauer vom Arbeiterbildungsverein Hamburg und von Stephan Born im Namen des Berliner Zentralkomitees der Arbeiter.[79]

Das wichtigste Ergebnis des Berliner Arbeiterkongresses war die Allgemeine Deutsche Arbeiterverbrüderung, die die *sozialen Vereine* der Arbeiter zusammenschloss. Das Entstehen der Arbeiterverbrüderung war Ausdruck des spontanen Strebens der deutschen Arbeiter, die in zahlreichen Gebieten Deutschlands isoliert bestehenden lokalen und regionalen Arbeiterorganisationen zu einem einheitlichen Verband zusammenzuschließen und eine vom Bürgertum unabhängige nationale Organisation der Arbeiter zu schaffen. Zudem hatten die Arbeiter nach der Märzrevolution und dem Zusammentritt der Frankfurter Nationalversammlung erfahren müssen, „dass auch in der Verfassungsurkunde für Deutschland die sociale Frage ebenso wenig wie in andern Verfassungsarbeiten, eine Stelle finden könne"[80]. Die Delegierten des Berliner Arbeiterkongresses hegten daher keinerlei Hoffnung, *von oben etwas für die Verbesserung der Lage der Arbeiter zu erlangen.* Sie erbaten im „Manifest des deutschen Arbeiter-Kongresses an die konstituierende Versammlung zu Frankfurt a. M." nur die „Freiheit sich selbständig gestalten zu dürfen"[81].

Das Hauptziel des neugegründeten Verbandes lag vorrangig auf sozial-ökonomischem Gebiet. Das Kernproblem der erstmals organisatorische Formen annehmenden elementaren Massenbewegung der Arbeiter war die Abschaffung ihres Elendsdaseins und die Abschirmung jedweder Ausbeutung. Der Kampf um die Lösung der sozialen Frage trat auf die Tagesordnung.[82] Allerdings konnte 1848 von einem Umsturz der noch im Entstehen begriffenen kapitalistischen Verhältnisse im Sinne einer proletarischen Revolution keine Rede sein. Es ging vielmehr um die Um- und Ausgestaltung der bürgerlichen Gesellschaft[83], auch im politischen und sozialen Interesse des sich ebenfalls erst noch formierenden Proletariats.

Die Gründung der Arbeiterverbrüderung und deren Beschlüsse strahlten auch auf die preußische Provinz Sachsen aus. Diese war mit einem Vertreter, Wolff vom Arbeiterverein Naumburg[84], auf dem Kongress vertreten. Magdeburg wurde Sitz eines der 27 Bezirkskomitees der Arbeiterverbrüderung. Die Neugründung der Arbeitervereine in Halle und Halberstadt ging unmittelbar auf den Berliner Arbeiterkongress zurück.[85] Im September 1848 unternahmen in Halle Handarbeiter den ersten Versuch, einen eigenen Verein zu gründen. Wer die Begründer und Mitglieder waren, ob sie kurze Zeit später mit der Gründung des Arbeitervereins einen erneuten Versuch des Zusammenschlusses wagten, ist nicht überliefert. Der Vorstand dieses *Handarbeiter-Vereins* verwies in einer Anzeige vom 30. September auf das

Verbot einer Versammlung durch die Polizei und drückte die Hoffnung aus, einen neuen Termin anberaumen zu können.[86]

Weit früher, bereits im Frühjahr 1848, hatten hallesche Näherinnen - noch vor den Männern - versucht, ihre Kolleginnen zu organisieren. Ein mit A. T und W. St. unterzeichnetes Inserat lud am 20. April 1848 *das weibliche Nähpersonal* zu einer Besprechung in den Gasthof „Prinz Karl" ein.[87] Allerdings waren die Bemühungen der beiden Näherinnen, ihre Kolleginnen zu organisieren, nicht von Erfolg gekrönt. Dazu mag beigetragen haben, dass ihr Ansinnen, wie das zu jener Zeit oft bei Organisationsbestrebungen von Frauen geschah, in der Öffentlichkeit lächerlich gemacht wurde.[88] In der Mitgliederliste des am 16. Oktober 1848 gegründeten Arbeitervereins ist dann keine Näherin aufgeführt.

Mit sichtlicher Genugtuung veröffentlichten die Redakteure der Hallischen Demokratischen Zeitung am 18. Oktober 1848 folgende Notiz: „Halle, 16. Octr. [Arbeiterverein]. Endlich hat sich bei uns unter Leitung des Bürgers Traxdorf neben den hiesigen Gesellen-, Meister- und Handwerkerbildungsvereinen auch ein Arbeiterverein gebildet. Es ist dies umso wichtiger, da in einem großen Theile unserer Handarbeiter und Handwerker noch wenig Bewusstsein über ihre Lage und ihre Interessen eingedrungen war. Der Arbeiterverein hat bereits 130 Mitglieder und hat sich mit dem Centralcomité in Leipzig in Verbindung gesetzt."[89]

Die Gründungsversammlung und einige weitere Zusammen-künfte finden im Gasthof „Goldene Rose" in der Rannischen Straße statt. Dort kam auch das Lancierkorps der Arbeiter zusammen. Nach dem 19. November 1848 tagte der Verein im Saal des „Grünen Hofes", einem damals noch vor den Toren der Stadt gelegenen Gasthof. Ab November 1849 traf man sich in der „Demokratischen Speise- und Schankwirtschaft" von Louis Reinhold Voigt in der Kleinen Ulrichstraße Nr. 977 nach alter, Nr. 37 nach späterer Nummerierung. Gastwirt Voigt und seine Ehefrau gehörten zu den Gründungsmitgliedern des Vereins. Der letzte Versammlungsort, ab Mai 1850, befand sich im Hintergebäude des „Hotels de Prusse". Dessen Besitzer, Gastwirt Friedrich Grundmann, trug sich unter Nr. 224 in das Mitgliedsbuch des Arbeitervereins ein.[90]

An der Gründung des halleschen Arbeitervereins hatte das Mitglied des Zentralkomitees der deutschen Arbeiter, Franz Schwenniger, teilgenommen und den Anwesenden die Beschlüsse des Berliner Arbeiterkongresses erläutert. Wie der Kontakt zum Zentralkomitee der Arbeiter in Leipzig zustande kam, warum ihn die halleschen Arbeiter suchten und wer ihn knüpfte, lässt sich nicht rekonstruieren. Am 18. Oktober trat der Arbeiterverein der Arbeiterverbrüderung bei und „constituierte sich als Localcomité für Halle im Anschluss an das Bezirkscomité in Leipzig"[91].

Zum Vorsitzenden wählten die Mitglieder den siebenundzwanzigjährigen Handarbeiter Johann Jacob Rock(en)stroh (im Folgenden Rockstroh), genannt Traxdorf.[92] Er war weder für die Arbeiter noch für die Bürgerschaft Halles ein Unbekannter. Johann Traxdorf gehörte zu jener „vorwärtsdrängende(n) Jugend der arbeitenden Klassen", die, wie Stefan Born, der selbst dazu gehörte, später schrieb, „in vorderster Reihe in der freiheitlichen Bewegung stand"[93]. Traxdorf besaß das Vertrauen der halleschen Arbeiter. Er wurde am 1. Mai 1848 als einziger Arbeiter der Stadt als Wahlmann für die eine Woche darauf stattfindenden Wahlen zur Preußischen und zur Frankfurter Nationalversammlung gewählt.[94] Bereits am 26. März 1848 trat er in Halle auf einer großen Volksversammlung zu Ehren der Berliner Märzgefallenen als Redner auf. Zu Traxdorfs Beisitzern der Spitze des Arbeitervereins wurden Friedrich Moog und Gottlieb Henze, beide ebenfalls Handarbeiter, gewählt. Zwar war der Verein kein reiner Handarbeiterverein wie zum Beispiel in Dessau.[95] Doch überwogen die Handarbeiter unter den zunächst 93 männlichen Mitgliedern.

Auf der nächsten Versammlung am 25. Oktober 1848 beschlossen die Mitglieder, „daß der Bürger Herr Rawald folgende Punkte für uns in Berlin im Democratencongreß zur Sprache bringen und an die National-Versammlung gelangen lassen sollte. Wir verlangen vom Staat und bitten, daß unsre heiligsten Rechte, die wir in unseren Forderungen ansprechen, ins Auge gefasst und darauf gehalten werden, daß uns in allen Stücken eine schnelle und gründliche Gewähr geleistet werde. 1) Garantie ununterbrochener Arbeit; 2) Feststellung der Arbeitszeit von täglich zwölf Stunden incl. ½ Stunde Frühstück 1 Stunde Mittag und ½ Stunde Vesperzeit, dazu ein Lohnminimum, was in den einzelnen Theilen des Landes von praktischen Vorstandsmitgliedern der Arbeitervereine und anderen Männern, die das öffentliche Vertrauen genießen, festzusetzen ist, nach den verschiedenen Bedürfnissen der Zeit, dem Ort und der verschiedenen Arbeit gemäß; 3) Vorzugsrecht der angesessenen Arbeiter bei Ertheilung der Arbeit; 4) Lezitationen und Submissionen von Seiten der Staats- und Communalarbeiten sind unzulässig und müssen bei der

Ertheilung der Arbeiten dem Beamten praktische Arbeiter zur Seite stehen. Auch soll die Veranschlagung solcher Arbeiten den Arbeiter-Vereins-Vorständen zur Begutachtung bekannt gemacht werden; 5) verlangen wir, daß der Staat mittellose Arbeiter, die sich entschließen, auszuwandern, die Kosten der Ueberfahrt und zum ersten Anbau vorschußweise gewährt; die Rückzahlung des Kapitals verbürgt die Kolonie. Wir haben diese Forderungen reiflich geprüft und halten sie als die heiligsten, weil sie aus dem Grundsatze entsprungen sind, den Natur und Vernunft selbst stellt, nämlich auf dem Recht zu leben und menschlich zu leben."[96]

Diese fünf Punkte waren zugleich Programm des Vereins. Sie brachten zum Ausdruck, was viele Proletarier während der Revolution erstrebten: Arbeit als notwendige Existenzbedingung, verbunden mit der Hoffnung, ihr *Recht auf Leben* durch einen auskömmlichen Arbeitslohn in der neuen, bürgerlichen Gesellschaft durchzusetzen[97], „Arbeit, damit wir durch den Lohn für sie das Leben fristen und das Leben genießen können"[98]!

Der Arbeiterverein stellte mit diesen programmatischen Forderungen, wie oft in der elementaren Arbeiterbewegung jener Zeit, ursächlich soziale Forderungen, die auf die unmittelbare Verbesserung der sozialen Lage zielten, den Wunsch nach einer würdigeren Stellung in der Gesellschaft und eine Anerkennung ihres Mensch-Seins zum Ausdruck brachten. Es ging, mit anderen Worten, um gesellschaftliche Gleichberechtigung.[99] Die Mitglieder des halleschen Arbeitervereins erwarteten, wie ihr Programm zeigt, dass ihre berechtigten Anliegen von offizieller Seite gehört und von oben Maßnahmen zur Linderung der Not ergriffen würden.

Doch ist die Forderung nach dem Recht auf Arbeit auch eine zutiefst politische Frage und in ihrer Tragweite gleichzusetzen mit der Forderung nach den gleichen staatsbürgerlichen Rechten, wie sie das Bürgertum für sich einforderte. Die Vereinsmitglieder wollten nicht nur politisch, sondern ebenso gesellschaftlich gleichberechtigt sein. So verstanden sich die im Verein organisierten Arbeiter zwar als „rein politischer Verein", wie aus dem Bericht Johann Traxdorfs über die Arbeit des Vereins vom 20. Februar 1850 an den Arbeiterkongress in Leipzig hervorgeht.[100] Es scheint jedoch keine der in Halle vertretenen politischen Richtungen dominiert zu haben. Denn Aufnahme fanden in den Verein auch Mitglieder, die politisch zum Preußen- oder zum deutschen Verein gehörten. Diese traten nicht für eine demokratische, soziale Republik, sondern allenfalls für eine konstitutionelle Monarchie ein.[101]

Es ging den Mitgliedern des Vereins in erster Linie um eine friedliche Lösung ihrer Probleme auf dem Weg des sozialen Ausgleichs. Dem entsprach, dass sie im Verlauf des Bestehens des Vereins verstärkt auf das Prinzip der proletarischen Selbsthilfe, die *Assoziation*, setzten. Assoziationen im Sinne Stefan Borns verwiesen die Arbeiter nicht nur auf ihre eigene Kraft, sondern förderten damit zugleich politisches Bewusstsein. Mit Hilfe der Assoziationen sollte versucht werden, die Lohnarbeit zu beseitigen und freie Arbeiter zu schaffen.[102]

Mit Theoriegut des Bundes der Kommunisten, mit den Lehren von Marx und Engels kamen die Mitglieder des halleschen Arbeitervereins - zumindest vordergründig - nicht in Berührung. Dies erfolgte über Umwege, zum Beispiel über die „Verbrüderung", die der Verein abonniert hatte. Unter anderem enthielt die von Stefan Born im Verbandsorgan der Arbeiterverbrüderung veröffentlichte Artikelserie „Die soziale Frage" wichtige, dem Kommunistischen Manifest entnommene, Ideen für die Weiterführung des revolutionären Kampfes der Arbeiter.[103]

Die Hoffnung der Vereinsmitglieder auf die Besserung ihrer sozialen Lage von oben erfüllte sich jedoch nicht. Denn weder die Frankfurter noch die Preußische Nationalversammlung nahmen sich der Belange der Arbeiter an. Das unter Punkt 1 geforderte Recht auf Arbeit im Programm des halleschen Arbeitervereins oder gar soziale Sicherungssysteme standen in Frankfurt nicht zur Debatte.[104] Lediglich zwei Abgeordnete der äußersten Linken, Friedrich Schütz und Ludwig Simon, gaben der Debatte um das Recht auf Arbeit eine gesellschaftliche Dimension. Schütz sprach aus, was auch die halleschen Proletarierinnen und Proletarier erstrebten: „[...] aber was ich in dem Recht auf Arbeit finde, was ich durch Aufnahme dieses Artikels in unserer Verfassung erstrebe, das ist [...] die Möglichkeit, daß die menschliche Gesellschaft endlich werde, was sie sein soll, d. h. eine Gesellschaft von Arbeitern, eine Gesellschaft, welche jedem Menschen die Möglichkeit eröffnet, durch Anwendung seiner geistigen oder physischen Fähigkeiten den seiner „Thätigkeit gebührenden Gewinn zu finden"[105]. Galt diese Forderung auch nur für die *Männer der Arbeit*, ist sie dennoch eine bemerkenswerte Aussage und rückte ein von vielen Menschen drückend empfundenes Problem in das Licht der Öffentlichkeit. Das Recht auf Arbeit, besonders für Frauen, ist selbst am Ende des 20. Jahrhunderts im deutschen Grundgesetz noch nicht verfassungsmäßig verankert. Elementare Menschenrechte waren, wie die Verfassungsdiskussion in der

Frankfurter Nationalversammlung zeigte, zu jener Zeit nicht einmal als Rechte für alle Männer gedacht. Sie sollten Bürgerrechte bleiben - im wahrsten Sinne des Wortes.

Doch auch die Befürchtungen einiger gutsituierter Bürger Halles angesichts der Existenz des Arbeitervereins traten nicht ein. Man solle sich später nicht wundern, „wenn der Kommunismus, d. h. die Spitzbüberei, alles Eigenthum unsicher macht [...]", schrieb zum Beispiel Hermann Agathon Niemeyer, Direktor des Waisenhauses und für die Konstitutionellen Abgeordneter in der Preußischen Nationalversammlung, im Hallischen patriotischen Wochenblatt. Während der gesamten Zeit seines Bestehens predigte der hallesche Arbeiterverein weder den gewaltsamen Umsturz der bestehenden gesellschaftlichen Verhältnisse, geschweige denn die Abschaffung der bürgerlichen Besitz- und Eigentumsverhältnisse, noch tasteten die in ihm organisierten Arbeiter Privateigentum in irgendeiner Form an.

---

78 Quarck, M.: Die erste deutsche Arbeiterbewegung, S. 152.
79 Vgl. ebenda, S. 153.
80 Quarck, M.: Die erste deutsche Arbeiterbewegung, S. 348.
81 Die Berliner Arbeiter-Verbrüderung. In: Volks-Taschenbuch für 1850.
- Altona, 1850, S. 188.
82 Vgl. Schlechte H.: Die allgemeine deutsche Arbeiterverbrüderung, S. 46.
83 Vgl. Schmidt, W.: Proletariat und bürgerliche Revolution 1848/49, S. 118.
84 Vgl. Quarck, M.: Die erste deutsche Arbeiterbewegung, 1924, S. 366.
85 Vgl. Peters, H.: Die preußische Provinz Sachsen, S. 191.
86 Vgl. HPW, Nr. 40 vom 30. September 1848, S. 1507; vgl. auch
Piechocki, W.: Der hallesche Arbeiterverein, S. 22.
87 HPW, 2. Beilage zu Nr. 16 vom 20. April 1848, S. 612. - Es gab 1848/49 nur
einige wenige Arbeiterinnen-Vereine. In Berlin gründeten
Strumpfarbeiterinnen einen eigenen Verein, in Bielefeld Schneiderinnen, in
Leipzig Dienstmädchen. Vgl. Gerhard, U.: Unerhört. Die Geschichte der
deutschen Frauenbewegung. - Hamburg, 1990, S. 96 und Klemm, B.:

46

Handlungsräume Leipziger Frauen im Umfeld der bürgerlichen Revolution 1848/49. In: Frauen in der bürgerlichen Revolution von 1848/49. Hrsg. von J. Ludwig, I. Nagelschmidt und S. Schötz. - Leipzig, o. J., S. 82-88.

[88] Vgl. HPW, 2. Beilage zu Nr. 18 vom 4. Mai 1848, S. 692. - Vgl. zum Mittel des lächerlich Machens der Aktivitäten von Frauen in der 48er Revolution auch Gerhard, U.: Unerhört, S. 56-57.

[89] HDZ, Nr.82 vom 13. Oktober 1848.

[90] Vgl. Landesarchiv Merseburg (im folgenden LA Merseburg), Rep. C 48, Ie Nr. 158 I, Blatt 91; vgl. auch Stadtarchiv Halle (im Folgenden StAH), Historische Handschriftenabteilung, B. 24, Mitgliederbuch des Arbeitervereins von 1848.

[91] Die Verbrüderung. Correspondenzblatt aller deutschen Arbeiter. Redigiert von Stefan Born, Franz Schwenniger, Karl Gangloff. Unveränderter Nachdruck mit einer Einleitung von Rolf Weber. - Leipzig, 1975 (im Folgenden: Die Verbrüderung). Hier zitiert: Nr. 7 vom 18. Oktober 1848, S. 27; vgl. auch Tullner, M.: Die Revolution von 1848/49 in Sachsen-Anhalt. - Halle, 1998, S. 134-135.

[92] Johann Jacob Rockstroh genannt Traxdorf wurde am 7. September 1821 als Sohn der unverehelichten Christiane Rockenstroh geboren. Dies geht aus der Militärpflichtigenliste Deutschland, Sammlung Halle, 1828-1888, Eintrag 994, hervor. Vgl.:
https://www.ancestry.de/search/?name=Johann+Jacob+_Rockstroh&location=3253&priority=german
Am 20. Juli 1845 heiratete er Johanne Dorothee Walther, Tochter der unverehelichten Johanne Marie Walther. Vgl.: Trauregister der Marktkirche Halle, Jahr 1845, S. 423.
Aus der Ehe gingen drei Kinder hervor: Hugo Rockstroh genannt Traxdorf, geb. 13. März 1848, gest. 1897 und Alwine Friederike Amalie Clara Rockstroh genannt Traxdorf, geb. 24. Juli 1850, gest. 1874. Vgl.:
https://www.ancestry.de/search/?name=Hugo_Rockstroh&location=3253&priority=german
Die Tochter Marie, vermutlich nicht getauft, verstarb im Alter von dreieinhalb Jahren am 5. Juni 1848. Während dieser Zeit befand sich Johann Traxdorf bei der Landwehr in Magdeburg. Vgl. StAH, Handschriftenabteilung, Begräbnisregister der Stadt Halle, I. Semester 1849, Eintrag Nr. 967.

[93] Born, St.: Erinnerungen eines Achtundvierzigers, S. 29.

[94] Vgl. HPW, 2. Beilage zu Nr. 19 vom 11. Mai 1848, S. 727. Die Aufstellung Johann Traxdorfs als Kandidat für die Wahlen scheint in der Petersberg-Vorstadt, wo er wohnte, für Aufsehen und Widerspruch gesorgt zu haben und nicht unwidersprochen gewesen zu sein. Er wehrt sich am 5. Mai 1848 im

Courier ziemlich grob dagegen, dass „Madame Müller, Hauseigenthümerin in der Scharngasse Nr. 1348, gegen Leute mich als einen schlechten Mann erklärt hat, so kann ich nur so einem schlechten Weibe antworten, dass sie ein ganz schlechtes Subjekt sein muss, in dem Falle, da ich das Weib gar nicht kenne." - Der Courier, Nr. 105 vorn 5. Mai 1848, S. 7.

[95] Vgl. Grossert, W.: Die Entwicklung der Arbeiterklasse, ihrer Lage und ihres Kampfes in Anhalt bis 1871. - Phil. Diss. Halle, 1970, S. 107-108.

[96] HDZ, Nr. 91 vom 28. Oktober 1848. Dass sich der Arbeiterverein auf dem Berliner Demokraten-Kongress im November 1848 von Gustav Rawald vertreten ließ, weist nicht nur auf das Vertrauen der Arbeiter in den vermögenden Weinhändler hin, sondern auch auf enge Beziehungen zur freien Gemeinde.

[97] Vgl. Bock, H.: Briefe eines jüdischen Weltbürgers. In: Bock, H. / Plöse, R. (Hrsg.): Aufbruch in die Bürgerwelt. - Münster, 1994, S. 83.

[98] Anonym: Wie schafft man Arbeit? Wie schafft man Brot? In: Kirchliche Reform, September 1846, S. 1.

[99] Vgl. Schmidt, W.: Proletariat und bürgerliche Revolution, S. 132.

[100] Vgl. Die Verbrüderung, Nr. 33 von 1850, S. 152.

[101] Vgl. Der Courier, Nr. 330 vom 19. Juli 1851, S. 4.

[102] Vgl. Die Verbrüderung, Nr. 27 vom 2. Januar 1849, S. 106-107; vgl. auch Schneiderheinze, M.: Zur Entwicklung der Arbeiterdiskussion, S. 48.

[103] Vgl. Schneiderheinze, M.: Zur Entwicklung der Arbeiterdiskussion, S. 103-104.

[104] Vgl. Hildebrandt, G.: Das Recht auf Arbeit blieb vor der Kirchentür. In: Neues Deutschland, 1./2. August 1998, S. 13.

[105] Ebenda.

7. Die Teilnahme von Frauen am Verein

Die Gründung der Arbeiterverbrüderung war noch in anderer Beziehung ein Meilenstein in der Geschichte der sich zur Klasse konstituierenden Arbeiterschaft. Bedeutsam im Hinblick auf die Lage der Proletarierinnen und für die damalige Zeit keineswegs selbstverständlich war, dass die Delegierten des Kongresses in § 7 des *Statuts für die Organisation der Arbeiter* festschrieben, die spezifischen Interessen der Arbeiterinnen in den Bezirkskomitees durch gesonderte Abteilungen zu vertreten. Und § 28 der Beschlüsse des Berliner Arbeiterkongresses besagte, dass von allen Bestimmungen die *weiblichen Arbeiter* nicht ausgeschlossen seien und gleiche Rechte bei gleichen Pflichten genießen würden. Eindeutig betraf dies die Teilnahme an den Selbsthilfeorganisationen der Arbeiterverbrüderung. So war den Arbeiterinnen ausdrücklich das Vorrecht gesichert, die in den Lokalkomitees für soziale Notlagen wie Krankheit, Unfälle und Arbeitslosigkeit zu bildenden Unterstützungskassen in Anspruch zu nehmen. Dass sie jedoch den lokalen Vereinen als Mitglieder beitreten konnten, legten die Berliner Beschlüsse nicht eindeutig fest. Trotz dieser Einschränkungen waren diese verbindlichen Festlegungen ein Zeichen dafür, dass zumindest Teile der frühen Arbeiterbewegung sich ebenso die Wahrung der Interessen der Proletarierinnen als Ziel setzten.[106]

Typisch für einen der Arbeiterverbrüderung angeschlossenen Arbeiterverein war es *keineswegs*, dass sich vermutlich bereits unter den 130 Gründungsmitgliedern des halleschen Arbeitervereins 37 Proletarierinnen, Ehefrauen von Arbeitern und Handwerkern befanden.[107] Außer in Halle gehörten Proletarierinnen zum Berliner Bezirk der Arbeiterverbrüderung. Frauen waren ebenfalls an den Arbeitervereinen in Königsberg, Breslau und Würzburg beteiligt.[108] Erst auf der Generalversammlung der Arbeiterverbrüderung im Februar 1850 wurde der Zutritt von Arbeiterinnen zum Verband offiziell beschlossen, nachdem der Delegierte Friedrich Grünhagen aus Königsberg einen Antrag „Das Heranziehen der Frauen zur Verbrüderung betreffend"[109] einbrachte.

Die Organisation der Arbeiterinnen war nicht einfach und traf auf eine Reihe von Schwierigkeiten. Zur Lohnarbeit kam das Wirtschaften für die Familie als eine lebenslange unumgängliche Pflicht. Diese ließ den Frauen nicht nur keine Mußestunden, sondern bestimmte oftmals vordergründig ihre alltäglichen Erfahrungen, prägte die Verhaltensweisen der Arbeiterinnen und engte vielfach ihren geistigen Horizont ein. „Ein weiteres Hindernis für die Organisation von Frauen lag in ihrer fehlenden Berufstradition; Arbeiter und Handwerker konnten dagegen teilweise an die Gesellenbruderschaften der Vergangenheit anknüpfen - eine solche Tradition bestand für die Arbeiterinnen (wie im übrigen auch für ungelernte Arbeiter) nicht."[110] Solche Beschränkungen machten Arbeiterfrauen in der Regel weniger empfänglich für Dinge, die über ihre vier Wände hinaus reichten.[111] Hindernisse legten der Organisation der Proletarierinnen auch die eigenen Klassenbrüder in den Weg. Oft genug sahen Arbeiter in Frauen nur zusätzliche Konkurrentinnen um die raren Arbeitsplätze. Dies zeigten die Versuche von Zigarrenmachern und Schneidern, Kolleginnen aus ihren Gewerben zu verdrängen. Auch die Tuchmachergesellen in Bitterfeld wollten, allerdings aus zünftlerischen Gründen, Frauenarbeit unterbinden. Sie sahen in den in der Nähe von Leipzig entstehenden Tuchfabriken, die Mädchen und

Tagelöhner einstellten, eine Konkurrenz, die „dem innungsgelernten Gesellen seine Arbeit entziehen"[112]. Sie wandten sich an den Zentral-Gesellen-Verein in Halle mit der Bitte, dieser möchte sie dabei unterstützen, dass dieser „Mißbrauch [...] ganz abgeschafft werden möchte"[113], wie Eugenius Nießner und Karl Beschnidt, die beiden Vorsteher der Vereinten Tuchmacher Bitterfeld, schrieben.

Das Eintreten der Arbeiterverbrüderung für die Arbeiterinnen bedeutete, in Anbetracht der genannten Beispiele, den nachdrücklichen Beweis dafür, wie ernst es der neuen Organisation mit der Frauenfrage war. „Hat doch die Arbeiterverbrüderung sogar den Anschluß der reichen Zigarrenarbeiter-Assoziation an die Bedingung geknüpft, die Zigarrenarbeiter müßten ihre Ablehnung der Frauenarbeit aufgeben."[114]

Vielen Arbeitern fiel es schwer, sich mit der Teilnahme der Frau am kapitalistischen Produktionsprozess abzufinden oder gar die Gleichberechtigung der Proletarierinnen in ihr Selbstverständnis aufzunehmen.[115] Dass dies in Halle anscheinend nicht der Fall war, kann mehrere Gründe haben. Vielleicht war in Halle die Bereitschaft, mit den Arbeiterinnen Solidarität zu üben, größer als in anderen Orten. Wahrscheinlicher ist aber, dass die hiesigen freireligiösen Gemeinden[116] als Vorbild dienten. Möglicherweise strahlte die Auffassung der relativen Gleichheit der Geschlechter und der Gleichberechtigung im Gemeindeleben, die in den freireligiösen Gemeinden vorherrschte, auf den Arbeiterverein aus und machte ihn deshalb attraktiv für Proletarierinnen. Auch existierte wahrscheinlich zu jener Zeit in proletarischen Schichten teilweise noch eine „Übereinstimmung im Normenkanon von

Mann- und Frau-sein"[117], auf Grund dessen Proletarierinnen mit Billigung ihrer Männer oder Väter öffentlich Dinge tun und sagen durften, von denen Bürgerfrauen nicht einmal zu träumen wagten.

Den Arbeiterinnen, die dem halleschen Arbeiterverein beitraten, mag vielleicht die Tatsache bewusst gewesen sein, dass sie auf Grund der geringeren Löhne weitmehr als die Männer ausgebeutet wurden. Es ging den Proletarierinnen mit dem Beitritt zum Arbeiterverein darum, selbst etwas für die Verbesserung ihrer sozialen Lage zu tun. Wenn Louise Otto 1849 in ihrer „Frauen-Zeitung" für alle Frauen forderte: „Association für Alle! es ist nicht genug, daß die Männer sich associieren, auch die Frauen müssen es thun; sie müssen entweder mit den Männern vereint handeln oder, wo die Interessen auseinander gehen, sich unter sich verbinden"[118], traf dies ebenso auf die Organisationsbestrebungen der Arbeiterinnen zu. Eigene Vereine zu bilden, gelang Proletarierinnen jedoch nur in wenigen Fällen. In Liegnitz in der preußischen Provinz Schlesien bestand zum Beispiel ein Dienstmädchen-Verein.[119] Dieser diente Näherinnen in Breslau als Vorbild für ihre Organisation.[120] Dort, wo es Arbeiterinnen wie in Halle nicht gelang, *sich unter sich zu verbinden*, kämpften sie *mit den Männern vereint* für gemeinsame Rechte.

Anders als bürgerlichen Frauen, wie Louise Otto, ging es 1848 jedoch Arbeiterinnen, die täglich zwölf bis vierzehn Stunden hart arbeiteten, bereits nicht mehr um ein Recht auf Erwerb. Es ging ihnen auch im Gegensatz zu ihren Klassenbrüdern nicht mehr um die Garantie *ununterbrochener Arbeit*, um das Recht auf Arbeit. Dieses Recht „war für sie zu einer unerbittlich zu erfüllenden Pflicht geworden, von der selbst Kinder nicht verschont blieben, um sich und die eigene Familie vor dem Untergang zu bewahren"[121]. Auch brachte ihnen die Arbeit schon ein bestimmtes Maß an *Gleichheit* mit den lohnarbeitenden und ausgebeuteten männlichen Klassenangehörigen. Wenn Arbeiterinnen in jener Zeit bereit waren, sich politisch zu engagieren, standen für sie nicht in erster Linie „die zielbewußte emanzipatorische Durchsetzung individueller weiblicher Ansprüche im Vordergrund, sondern ihre Rechte als Arbeitende"[122], die soziale Ausgestaltung des Rechts auf Arbeit und der Schutz vor übermäßiger Ausbeutung, wie dies die männlichen Arbeiter für sich forderten.

Aber es ging für die Arbeiterinnen schon in der Mitte des 19. Jahrhunderts noch um weit mehr - um die Befreiung aus doppelter Ausbeutung, als Angehörige der besitzlosen Klasse und als Frau. Im 19. Jahrhundert war die politische Unmündigkeit aller Frauen gesetzlich festgeschrieben. Es stellte sich daher mit aller Schärfe die - nach 150 Jahren noch nicht gelöste - Frage, dass die Befreiung der Frau, nicht nur der Arbeiterin, keineswegs mit der Lösung der sozialen Frage, das heißt der Befreiung von sozialer Ausbeutung und Unterdrückung gleichzusetzen und mit deren Lösung abgeschlossen sei.[123] Diesen theoretischen Ansatz zur Frauenfrage arbeitete Flora Tristan bereits 1843, in Anlehnung an den utopischen Sozialisten Charles Fourier, in ihrer Schrift „Arbeiterunion" heraus. Sie legte dar, dass die Befreiung der Frauen von ökonomischer Unterdrückung nur der erste Schritt sei. Erst danach könne und müsse die endgültige Befreiung der Frau von allen anderen Zwängen, zum Beispiel durch patriarchale Herrschafts- und Geschlechterverhältnisse, in Angriff genommen und der Kampf um die völlige Gleichstellung der Geschlechter in allen gesellschaftlich relevanten Beziehungen geführt werden. Flora Tristan war damit ihrer Zeit weit voraus. Ihre Theorie zur Lösung der Frauenfrage wurde weder von der späteren Arbeiterbewegung noch von der Frauenbewegung, selbst der proletarischen nicht, aufgegriffen, sondern geriet in Vergessenheit.

In Deutschland war Louise Otto die einzige der damaligen Kämpferinnen für die Emanzipation der Frauen, die nicht nur mit Begeisterung die Gründung der in ihrem „Sendschreiben an alle ‚Verbrüderten'" begrüßte, sondern die sich mit ihrem Wirken für die Rechte der Arbeiterinnen einsetzte. Sie verschaffe in der Arbeiterpresse und in ihrer „Frauen-Zeitung" den Proletarierinnen, die selbst nicht den Mut hatten, ihre Bitten und Wünsche wie die Männer öffentlich auszusprechen, Gehör. Louise Otto erkannte, welche Bedeutung § 28 der Beschlüsse des Berliner Arbeiterkongresses zukam: „Mit diesem habt Ihr es ausgesprochen, daß Männer und Frauen gleichberechtigt sind, nach der Gleichheit der Arbeit. Ihr habt mit diesem § den unsinnigen Fluch aufgehoben, der auf der einen Hälfte des Menschengeschlechts liegt: u n b e r e c h t i g t zu sein und unterdrückt von der andern Hälfte nach dem sogenannten Recht des Stärkern, welches Nichts ist als die roheste Gewalt und also nicht ihr Recht, sondern Unrecht. Arbeiter! Ihr habt damit die anderen Männer beschämt, die Männer der Wissenschaft, des Staates, der Geschäfte usw., welche niemals daran denken, daß neben ihnen noch eine gleiche große Anzahl menschlicher Wesen existiert welche auch zur Freiheit und Selbständigkeit geboren sind wie sie, ebenbürtige Wesen [....] Ihr habt es nicht vergessen, daß Ihr nicht nur Brüder seid untereinander, sondern daß Ihr auch S c h w e s t e r n habt [...] die wie Ihr leiden unter den Herrenrechten des Geldes, [...] die nicht nur gezwungen sind, ihre

Arbeitskraft für einen kargen Lohn, der zum Leben nicht ausreicht, zu verkaufen, sondern die oft nur zu leben vermögen, indem sie sich der Schande preisgeben, den fluchwürdigsten Sündensold zu erwerben."[124] Allerdings legt Louise Otto das Los der Arbeiterinnen in die Hand der Arbeiter, da die Frauen auf Grund ihrer noch mangelhafteren Bildung nicht in der Lage seien, selbst Assoziationen zu bilden. Sie fordert daher von den Arbeitern, „ihnen bei der Anordnung ihrer eignen Angelegenheiten hilfreich an die Hand" zu gehen.[125] Und wie Flora Tristan spricht Louise Otto in ihrem „Sendschreiben an alle Verbrüderten" davon, dem Sklavinnendasein der Arbeiterinnen ein Ende zu bereiten.

Auf den § 28 der Beschlüsse des Berliner Arbeiterkongresses konnten die halleschen Arbeiterinnen ebenfalls bauen. Die Frauen im halleschen Arbeiterverein hatten wahrscheinlich keine eigene Wortführerin in ihren Reihen und waren auf die Fürsprache der Männer angewiesen. Jedoch trat die Mehrheit von ihnen aus eigenem Antrieb, als selbstbestimmtes Individuum, und nicht als (Ehe-)Frau eines Arbeiters, dem Arbeiterverein bei. Die Ehefrau des Gastwirts Voigt war übrigens als Mitglied Nr. 50 die erste Frau, die sich in den Verein einschrieb. Traxdorfs Frau und die Ehefrauen weiterer Vorstandsmitglieder sind jedoch nicht in der Mitgliederliste verzeichnet.[126] Von den 37 Frauen, die den Verein vermutlich mitgründeten, ließen sich elf als Arbeiterin eintragen, je drei als (Hand-)Arbeiterfrau und Händlersfrau, je zwei als Hökerin und Schneidersfrau. Bei 15 Frauen fehlen die Angaben über ihren Broterwerb. Es liegt die Vermutung nahe, dass sie Handarbeiterin, Tagelöhnerin, Näherin oder Dienstmagd waren. Bei zwanzig Frauen stand als Familienstand „verwitwet". Diese Proletarierinnen waren ohnehin gezwungen, ihren

Lebensunterhalt selbst zu bestreiten und für sich selbst einzustehen. Im Arbeiterverein genossen sie als weibliche Mitglieder nicht nur *unter gleicher Verpflichtung* gleiche Rechte, sondern erfuhren im Verlauf des weiteren Bestehens des Vereins auch die Solidarität der Männer im Sinne der Beschlüsse des Berliner Arbeiterkongresses.

---

[106] Vgl. Schneiderheinze, M.: Zur Entwicklung der Arbeiterdiskussion, S. 12.
[107] Vgl. StAH, B. 24, Mitgliederbuch des AV. - Eindeutig lässt sich diese Schlussfolgerung nicht ziehen, da das Mitgliedsbuch offensichtlich nur Eintragungen für 1849 und 1850 enthält. Es basiert wahrscheinlich auf einer - nicht erhalten gebliebenen Liste der Gründungsmitglieder aus dem Jahre 1848.
[108] Vgl. Die Verbrüderung, Nr. 34 vom 25. Mai 1850; vgl. auch Balser, F.: Sozial-Demokratie 1848/49-1863. Die erste deutsche Arbeiterorganisation „Allgemeine Deutsche Arbeiterverbrüderung" nach der Revolution. - Stuttgart, 1962, S. 81 (im Folgenden Balser, F.: Sozial-Demokratie 1848/49-1863).
[109] Die Verbrüderung, Nr. 39 vom 29. Juni 1850.
[110] Hervé, F.: Dem Reich der Freiheit werb' ich Bürgerinnen. Von den Anfängen bis 1889. In Hervé, F. (Hg.): Geschichte der deutschen Frauenbewegung. - Köln, 1995, S. 21.
[111] Vgl. Balser, F.: Sozial-Demokratie 1848/49-1863, S. 31; vgl. auch Mühlberg, D.: Proletariat. Kultur und Lebensweise im 19. Jahrhundert. - Leipzig, 1986, S. 159 (im Folgenden Mühlberg, D.: Proletariat).
[112] Schlechte, H.: Die Allgemeine deutsche Arbeiterverbrüderung, Anlage zu Dok. 131, S. 252.
[113] Ebenda.
[114] Balser, F.: Sozial-Demokratie von 1848/49-1863, S. 81-82; vgl. auch Frauen-Zeitung, Nr. 37 vom 29. Dezember 1849.
[115] Vgl. Schneiderheinze, M.: Zur Entwicklung der Arbeiterdiskussion, S. 12.
[116] In Halle gab es drei freireligiöse Gemeinden. Als erste gründete sich im Jahre 1845 die deutsch-katholische Gemeinde. Ihr folgte 1846 die aus der „Lichtfreunde"-Bewegung hervorgegangene Freie christliche Gemeinde. Die deutsch-katholische Gemeinde und ein Teil der Mitglieder der Freien christlichen Gemeinde vereinten sich 1847 zur Vereinigten Freien Christlichen Gemeinde.
[117] Hauch, Gabriella: Frauen zielen auch auf Männer, S. 29.
[118] Frauen-Zeitung. Hrsg. von Louise Otto, Nr. 4 von 1849.

[119] Vgl. Frauen-Zeitung, Nr. 21 vom 25. Mai 1850.

[120] Vgl. ebenda.

[121] Franzke, A. / Notz, G.: Nachbetrachtung zu „Das Recht der Frauen auf Erwerb" von Louise Otto-Peters. Wiederveröffentlichung der Erstausgabe aus dem Jahre 1866. - Leipzig, 1997, S. 128.

[122] Mühlberg, D.: Proletariat, S. 168.

[123] Vgl. Tristan, F.: Arbeiterunion. Vorwort von Paul B. Kleiser zur deutschen Erstausgabe, S. 23-24.

[124] Otto, Louise: Sendschreiben an alle „Verbrüderten". In: Die Verbrüderung, Nr. 8, S. 31.

[125] Vgl. ebenda.

[126] Auch keine der am 4. Juni 1847 wegen ihrer Beteiligung an der Hungerrevolte vom 22. April verurteilten 50 Frauen trat in den Arbeiterverein ein. Dies ergab der Vergleich beider Namenslisten.

8. Zur Mitgliederentwicklung

Es ist schwer nachzuvollziehen, wie viele Arbeiter sich überhaupt im Verein einschrieben. Wiederholt beklagte der Vorstand, dass angesichts der zahlreichen proletarischen Einwohnerschaft Halles der Zustrom nicht den Erwartungen entsprach.[127] Dieses Problem teilte der hallesche Arbeiterverein mit vielen anderen Lokalkomitees der Arbeiterverbrüderung. Nach eigenen Angaben wuchs die Zahl der eingeschriebenen Mitglieder bis Mitte November 1848 auf 300 an,[128] die jedoch nicht alle im Mitgliederbuch verzeichnet waren. Im Dezember 1848 hatte der Verein etwa 200 Mitglieder.[129] Im Februar 1849 gab der Vorstand 204 als Mitgliederzahl an.[130] Bedingt durch verstärkte Repressionen seit dem 19. November 1848 und vor allem aufgrund der seit Dezember 1848 in Halle grassierenden Cholera, die auch das Vereinsleben stark beeinträchtigte, trat ein Mitgliederschwund ein. Als der Arbeiterverein 1850 schließlich aufgelöst wurde, zählte er einem weiteren Polizeibericht zufolge „jetzt 211 Mitglieder in den Listen [...] davon sind aber nach und nach circa 70 abgesprungen, ohne daß sie in dem Mitgliederverzeichniße gestrichen waren, und es befinden sich unter den 211 ungefähr 60 Frauen, so daß in runder Summe 80 männliche Individuen sich noch zu dem Verein bekennen, von denen wieder nur 50-60 thätige, d. h. steuernde und die Mitgliederversammlungen besuchende Mitglieder sind"[131].

Das im Stadtarchiv Halle aufbewahrte Mitgliedsbuch erfasste 235 Namen im Register. Es enthält sehr viele Streichungen und gibt keine schlüssige Auskunft darüber, wann ein Mitglied dem Verein beitrat oder ihn verließ. Lediglich über die Berufszugehörigkeit der Männer können verbindliche Aussagen getroffen werden. Für die Arbeiter waren folgende Gewerbe eingetragen: 94 Hand- oder Fabrikarbeiter, je 9 Maurer, Schneider und Händler, 6 Zimmerer, 5 Ziegeldecker, je drei Tuch-, Schuh- und Hutmacher, je zwei Tischler, Schlosser, Gastwirte, Musiker und Lehrer, außerdem je ein Böttcher, Kutscher, Lohgerber, Aufläder, Nagelschmied, Tapezierer, Steinbrecher, Seiler, Bäcker, Buchdrucker, Buchbinder, Uhr-, Korb- und Kammmacher.[132]

Für die Frauen ist die berufliche Zuordnung nur teilweise möglich. Unter den 60 Frauen, die sich in den Verein einschreiben ließen[133], befanden sich 13 (Hand-)Arbeiterinnen, je 5 Arbeiter- und Händlersfrauen, je zwei Hökerinnen und Schneidersfrauen sowie je eine Gastwirts-, Lohgerbers- und Ziegeldeckersfrau. Von 30 Frauen fehlt die Angabe zum Erwerb. Verwitwet waren 24 Frauen, aber offenbar in der Lage, den Mitgliedsbeitrag aufzubringen.[134] Einige der Frauen waren Nachbarinnen. Die Mehrzahl der Vereinsmitglieder, sowohl Männer als auch Frauen, lebte dort, wo die Wohnverhältnisse am schlechtesten waren: in der Altstadt, in den ehemaligen Vororten Glaucha, Neumarkt und Petersberg sowie auf dem Strohhof.[135]

Die Mitgliedschaft blieb nicht zuletzt deshalb, an der Zahl der halleschen Proletarier gemessen, relativ gering, weil der Vorstand, auch im Hinblick auf die an das Zentralkomitee in Leipzig abzuführende Unterstützung, darauf bedacht war, nur Mitglieder aufzunehmen, die bereit waren, den monatlichen Beitrag von 1 Silbergroschen und bei Bedarf weitere freiwillige Beiträge zu entrichten.[136] Einerseits hielt der besonnene Teil der Mitgliedschaft selbst darauf, die „rohesten Elemente [...], die nur den politischen Scandal unterstützten, und unter Verweigerung persönlicher Beisteuer zu den später gebildeten Kassen"[137] dem

Ansehen des Vereins in der Öffentlichkeit nur schadeten, nach und nach auszuschließen, wie aus dem Bericht des Magistrats an das Ministerium des Innern im Merseburg vom 31. August 1850 hervorgeht. Andererseits taten augenscheinlich die *Obrigkeit* und das liberale Bürgertum ihr Bestes, um dem Arbeiterverein Steine in den Weg zu legen. Im selben Bericht bestätigte Stadtrat Heise, dass der Beschluss, nicht steuernde Mitglieder auszuschließen, sich auf das zahlenmäßige Wachstum des Vereins negativ auswirkte und er „über eine, für die hiesigen Verhältnisse so enorm geringe Ausbreitung nicht hinauskam [...]"[138] Außerdem war es den Behörden gelungen, „die schon eingeleitete Verbindung mit den zahlreichem Gesellen der Bauhandwerker"[139] zu hintertreiben.

Der Arbeiterverein blieb nur auf die Stadt Halle beschränkt. Es gelang dem Vorstand trotz entsprechender Bemühungen nicht, in Städten und größeren Ortschaften des umliegenden Saalkreises Fuß zu fassen. Zwar hatte es anfangs zwei auswärtige Mitglieder gegeben. Diese traten jedoch wieder aus oder wurden ausgeschlossen. In dem bereits oben erwähnten Bericht an das Merseburger Innenministerium heißt es mit sichtlicher Genugtuung, der „Versuch, in Löbejün und Mücheln (im Saalkreis - d. A.) abhängige Localvereine zu gründen, ist dem Traxdorf vereitelt worden"[140]. Eine ernst zu nehmende Konkurrenz allerdings stellte für den Arbeiterverein der reaktionäre Preußenverein dar, sofern nicht Proletarier in beiden Vereinen organisiert waren. Der Preußenverein hat „mit seinem Unterstützungsverein einen Teil der Arbeiter an sich gelockt und damit dem Arbeiterverein entzogen"[141].

[127] Vgl. ebenda, Brief an das Leipziger Zentralkomitee vom 20. Februar 1849, Dok. 129, S. 249 und Brief vom 10. Juli 1849, Dok. 133, S. 253.
[128] Vgl. Die Verbrüderung, Nr. 33 vom 18. Mai 1850, S. 152.
[129] Vgl. HDZ, Nr. 136 vom 20. Dezember 1848.
[130] Vgl. Schlechte, H.: Die allgemeine deutsche Arbeiterverbrüderung, Dok. 129, S. 249.
[131] LA Merseburg, Rep. C 48, Regierung Merseburg, Ie Nr. 158 I, Bl. 88.
[132] StAH, Historische Handschriftenabteilung, B. 24, Mitgliederbuch des Arbeitervereins von 1848; vgl. auch Piechocki, W.: Der hallesche Arbeiterverein, S. 23 und Neuß, E.: Die Entstehung und Entwicklung, S. 290.
[133] Vgl. StAH, Historische Handschriftenabteilung, B. 24, Mitgliederbuch des Arbeitervereins von 1848; vgl. auch Piechocki, W.: Der hallesche Arbeiterverein, S. 48.
[134] Vgl. StAH, Historische Handschriftenabteilung, B. 24, Mitgliederbuch des Arbeitervereins von 1848.
[135] Vgl. Neuß , E.: Die Entstehung und Entwicklung, S. 290.
[136] Vgl. LA Merseburg, Rep. C 48, Regierung Merseburg, Ie Nr. 153 I, Bl. 43 und Bl. 44; vgl. auch Schlechte, H.: Die allgemeine deutsche Arbeiterverbrüderung, Dok. Nr. 129, S. 249.
[137] LA Merseburg, Rep. C 48, Ie Nr. 153 I, Bl. 90.
[138] Ebenda, Bl. 88.
[139] Ebenda, Bl. 8; vgl. auch Schlechte, H.: Die allgemeine deutsche Arbeiterverbrüderung, Dok. 129, S. 249 und Dok. 133, S. 254. - Die Maurergesellen waren die ersten Arbeiter Halles, die im April 1848 mit Lohnforderungen den Arbeitgebern gegenüber auftraten. Sie waren im halleschen Zweigverein des sogenannten „Frankfurter Gesellenkongresses", dem der Maurergeselle Heinrich Jordan vorstand, organisiert. Gottlieb Henze, der stellvertretende Vorsitzende des Arbeitervereins, hatte im „Gesellenkongreß" die Funktion des Schriftführers inne und vertrat dort die Positionen der Arbeiterverbrüderung.
[140] LA Merseburg, Rep. C 48, Regierung Merseburg, Ie Nr. 158 I, Bl. 88 und Bl. 156.
[141] Schmiedecke, A.: Die Revolution von 1848-49 in Halle. - Halle, 1932, S. 131 (im Folgenden Schmiedecke, A.: Die Revolution von 1848-49 in Halle).

9. Das Vereinsleben

Über das Vereinsleben geben nur wenige Quellen Auskunft. Dies trifft in besonderem Maße auf die Beteiligung der weiblichen Mitglieder am Verein zu. Nach dem bisherigen Erkenntnisstand ist keine mündliche oder schriftliche Wortmeldung einer Frau überliefert. Aus diesem Grund können weder Aussagen über ihren Beitrag zum Vereinsleben noch über ihren Einfluss auf die Programmatik getroffen werden. Einige Fakten über den Verein insgesamt kann man der Hallischen Demokratischen Zeitung, anderes den Berichten des Vereins an das Zentralkomitee der Arbeiterverbrüderung in Leipzig entnehmen. Diese Briefe, einige davon in der „Verbrüderung" veröffentlicht, beschlagnahmte die sächsische Polizei im April 1850 zusammen mit dem Schriftgut des Zentralkomitees.[142] Auch die Polizeiberichte, die der hallesche Magistrat über den Verein für die Preußisch-Königliche Regierung in Merseburg anzufertigen hatte, geben Aufschluss über das Vereinsleben. Die zur Verfügung stehenden Quellen über das Vereinsleben legen die Schlussfolgerung nahe, dass der hallesche Arbeiterverein, trotz der Einschätzung Traxdorfs auf dem letzten sächsischen Arbeiterkongress, zeit seines Bestehens vor allem ein proletarischer Selbsthilfe- und Bildungsverein war.

Das soziale Wirken und die Bildungsbestrebungen des Vereins sowie die mit seinem Wirken verbundenen Schwierigkeiten spiegelten die Vereinsberichte an das Zentralkomitee der Arbeiter in Leipzig wider. Wiederholt klagte das berichtende Mitglied nicht nur über die nach wie vor zu geringe Mitgliedschaft, sondern auch darüber, „[...] daß sich kaum in wenig Orten eine so geringe Theilnahme für die Associationen zeigt, als in unserm, in politischer Beziehung so merkwürdigen Halle"[143]. Viele im Verein eingeschriebene Mitglieder blieben den Versammlungen fern. Dagegen wurden die Hilfskassen recht rege genutzt.

Diese nutzten besonders den Frauen. In einem Brief vom 10. Juli 1849 teilte Gottlieb Henze mit, dass man durch die „jetzt in Halle herrschende große Sterblichkeit" (die seit Dezember 1848 grassierende Cholera, die erst im Oktober 1849 endgültig erlischt - d. A.) sich veranlasst sah, „eine Kranken- und eine Sterbekasse zu errichten und zwar in folgender Art. Jedes Mitglied verpflichtet sich, bei vorkommenden Sterbefällen von Vereinsmitgliedern 1¼ Sgr. zu zahlen, dafür hat die Familie des Verstorbenen das Recht, wenn derselbe von Anfang an in die Organisationskasse gesteuert hat, 3 Rthlr. zu beanspruchen; hat er nur die Hälfte des Betrags oder bis 5 Sgr. eingezahlt, bekommt dieselbe 1 Rthlr. Wer 4 Monate hintereinander nicht steuert, hat gar keine Ansprüche, wird überhaupt als Mitglied gestrichen.

Bei Krankheiten bekommt das Mitglied, wenn es beansprucht wird, eine unregelmäßige Unterstützung, welche sich erstens nach der Hülfsbedürftigkeit des Unterstützung Beanspruchenden, zweitens nach den Kräften des Vereins richtet. Hierzu wird, soweit es reicht, die sogenannte ‚kleine Kasse', welche aus den in der Versammlung eingesammelt werdenden freiwilligen Beiträgen besteht, in Anspruch genommen; wenn nichts oder nur wenig in derselben vorhanden ist, wird aus der Organisationskasse noch etwas hinzu gethan. Ebenso verfahren wir bei außerordentlichen Unglücksfällen, welche eine augenblickliche Unterstützung erreichen.

Diese Art der Unterstützung bei vorerwähnten Unglücksfällen hat hier einigen Anklang gefunden, sodass sich auch schon mehrere Frauen in die Kasse eingekauft und für 8 Monat[e] (die Zeit des Bestehens unsers Vereins) ihre Beiträge als wirkliche Mitglieder gezahlt haben, und wir haben die Hoffnung, dass wir bald ausgedehnter in dieser Beziehung wirken können. Wenn erst wieder die in allen Kreisen herrschende Arbeitslosigkeit vorüber ist, werden wir bestimmt eine größere Betheiligung finden!"[144]

In die Krankenkasse traten 187 Mitglieder, darunter 11 Ehefrauen und Frauen ein. Die Sterbekasse zählte 186 Mitglieder, darunter 43 Ehefrauen und einzelne Frauen. Interessant ist, dass in die Sterbekasse 31 Witwen eintraten.[145] Es dürfte dem Arbeiterverein aber sehr schwer gefallen sein, bei der durch die Cholera verursachten hohen Sterblichkeit, seinen Verpflichtungen nachzukommen. Denn in dieser Epidemie, die vom 7. Dezember 1848 bis 16. Oktober 1849 währte, starben 1.217 Personen, vor allem Arbeiter und ihre Angehörigen.[146]

Die beiden Unterstützungskassen waren für die Frauen deshalb so attraktiv, weil sie gleichberechtigte Mitglieder waren. Sie bekamen nicht über ihre Männer, sondern für ihren eigenen eingezahlten Beitrag die gleichen Leistungen. Das war nicht überall so. Im nahegelegenen Eisleben, wo Ende März 1849 ebenfalls ein Arbeiterverein zum Zweck der gegenseitigen Unterstützung bei Krankheits- und Todesfällen ins Leben trat, wurden keine Frauen als Mitglieder aufgenommen. Frauen waren hier insofern Nutznießer der Kasse, daß die Rechte von Witwen und Waisen verstorbener Mitglieder nach § 14 der Statuten fortbestanden. Den Mitgliedern standen für ihre Frauen und Kinder, wenn jene starben, nach § 12 ein kostenfreies Begräbnis bzw. ein kostenfreies Hinaustragen der Leiche zu.[147]

In dem bereits erwähnten Brief vom 10. Juli 1849 teilt Gottlieb Henze auch mit, dass der hallesche Arbeiterverein an wandernde Mitglieder ähnlicher Vereine Unterstützung zahle, obwohl noch keine derartige Kasse eingerichtet worden sei, „wie sie uns in einer der letzten Nummern der ‚Verbrüderung' vorgeschrieben wird"[148]. Um nicht von wandernden Gesellen getäuscht zu werden, baten sich die Hallenser ein Verzeichnis der Brüder-Vereine aus, die diesem Hilfssystem angehörten. Die Unterstützung an wandernde Gesellen, durch die Rendanten des Vereins, zuerst Gastwirt Voigt, dann Seilermeister Ernst Ferdinand Laue, ausgezahlt, soll jedoch insgesamt nicht mehr als 5 Rthlr. aus der Vereinskasse betragen haben.[149]

Neben dieser gegenseitigen Unterstützung bei Krankheits- und Todesfällen halfen sich die Mitglieder des Arbeitervereins bei der Lösung des dringendsten Problems, der Arbeitsbeschaffung. Zwar gab es in Halle nach dem Vorbild von Leipzig und Dresden[150] seit 1845 eine der Armendirektion angegliederte *Arbeits-Nachweisungs-Anstalt*.[151] Diese städtische Einrichtung, die sieben Filialen hatte[152], erwies sich jedoch als wenig effizient. Im Januar 1848 wurde daher die Frage gestellt, ob sich die Arbeits-Nachweisungs-Anstalt lohne, denn es hätten seit 1845 nur 45 Arbeiterinnen und 42 Arbeiter sowie 27 Arbeitgeber nachgefragt.[153] Die Arbeitgeber, die Arbeit anboten, hätten außerdem nicht einmal passende Arbeitskräfte gefunden.[154] Obwohl die Anstalt sich als wenig nutzbringend erwiesen hatte, waren die Stadtverordneten Anfang 1848 der Meinung, sie dennoch beizubehalten - weil sie keine Kosten verursachte.[155]

Dachten die Mitglieder des Arbeitervereins zunächst bei der Arbeitsvermittlung nur an die Männer, bezogen sie dann die

Frauen ein. Zu diesem Zweck fungierte im Auftrag des Vereins Speisewirt Voigt als Arbeitsvermittler. In einem Inserat im Hallischen patriotischen Wochenblatt wurde darauf hingewiesen, dass der Verein Arbeiter aus fast allen Ständen zum Mitglied hätte und daher „auch fast für jede Arbeit ein Arbeiter zu finden sei. Die Mitglieder unserer Assoziation werden sich bestreben, die etwaigen Aufträge so auszuführen, wie es die Ehre und das Pflichtgefühl eines guten Arbeiters fordern".[156] Zu welchen Konditionen wurde nicht überliefert. Offensichtlich hatte diese Bekanntmachung Erfolg. Gastwirt Voigt war zudem ein geschickterer Arbeitsvermittler als die mit dieser Aufgabe vom Magistrat Betrauten. So stellte eine Reihe von Arbeitgebern Vereinsmitglieder ein. In Nr. 51 des Wochenblattes sprach der Verein „[...] seinen Dank gegen diejenigen (aus), welche durch ihre Aufträge zur Hebung des Vereins mitgewirkt haben, und bittet um fernere Aufträge. Zur Vervollständigung des Früheren diene die Anzeige, daß auch die weiblichen Mitglieder ihre Kräfte für angemessene Arbeit anbieten Bestellungen nimmt auch fernerhin an der Gastwirt Voigt, Kleine Ulrichstraße Nr. 977"[157].

Das Betonen der Selbsthilfe- und Genossenschaftsidee hatte im Jahre 1850 aber noch andere Gründe als *Gegenseitigkeit und Brüderlichkeit* im Sinne proletarischen Beistands. Mit der Niederlage der demokratischen Kräfte war für die Arbeiter kaum noch Aussicht vorhanden, erfolgreich auf die gesetzgebenden Körperschaften einzuwirken. Die andere Möglichkeit, durch Lohnkampfmaßnahmen eine Verbesserung der sozialen Lage zu erzwingen, war nach den Gesetzen von 1848 ungesetzlich geblieben und überdies ziemlich aussichtslos.[158] So blieb nur die Selbsthilfe. In Halle wurden aus der Vereinskasse in diesem Sinne Darlehen an Mitglieder ausgereicht, um ihnen die

Wiederaufnahme einer Arbeit zu erleichtern und den Broterwerb zu sichern. Im Jahre 1850 war der Bestand der *Associations-Kasse*, einschließlich der Außenstände, trotz des geringen Beitrags von 1 Sgr. monatlich auf ungefähr 60 Rtlr. angewachsen. Die Assoziationskasse sollte den Grundstein einer Volkskreditbank bilden. Der größte Betrag, der jemals an ein Mitglied ausgezahlt wurde, betrug 30 Taler, gedacht zur Anschaffung eines Eselfuhrwerks. Alle anderen Darlehen dienten in der Regel der Beschaffung von Arbeitskleidung und überschritten fünf Taler nicht. Ob speziell Arbeiterinnen um Unterstützung nachsuchten, konnte nicht ermittelt werden. Wenn auch nicht unbedingt die Schaffung von Arbeitsplätzen für die Frauen im Vordergrund stand, konnte ihnen das geplante Vorhaben dienen, durch den Verein eine Genossenschaft zu betreiben.[159]

Die Vereinsmitglieder trugen sich 1850 mit dem Gedanken, einen Torfplatz zu pachten und Torffabrikation (damit war in Halle zu jener Zeit die Herstellung von Braunkohlensteinen gemeint - d. A.) auf Rechnung des Vereins, d. h. im Sinne einer Genossenschaft, zu betreiben und somit den Assoziationsgedanken im Sinne des utopisch-sozialistischen Gehalts der Beschlüsse des Berliner Arbeiterkongresses umzusetzen.[160] Dies war gleichzeitig ein Versuch, in Selbsthilfe Arbeits- und Erwerbsmöglichkeiten für einige der Ihren zu schaffen und das Vermögen des Vereins zu vermehren. Andererseits sollten Produktivgenossenschaften dazu beitragen, die Arbeitsordnung zu beeinflussen, die Arbeits- und Lohnverhältnisse nach den Grundsätzen der Verbrüderung zu verbessern und zu ordnen. Die Grundlagen hierzu waren die Mindestforderungen von 1848: feste Arbeitszeit und festgesetzter Minimallohn.[161] Im Zusammenhang mit der geplanten Errichtung der Torfsteinfabrikation ist dem Arbeiterverein vorgeworfen worden, die dazu benötigten Mittel von Kapitalisten geliehen zu haben. Dies kann weder bestätigt noch wiederlegt werden. Eine Möglichkeit besteht darin, dass wohlhabende Mitglieder einer der freien Gemeinden das entsprechende Kapital den Arbeitern vorgeschossen haben.

Breiten Raum nahmen im Vereinsleben gegenseitige *Bildung und Aufklärung* ein. Dem war förderlich, dass dem Verein die Lehrer Otto Bernhard Müller und Wilhelm Theodor Lohse angehörten. Lehrer wurden in der Regel in den Arbeitervereinen mit der Bildung der Mitglieder betraut. So führte Lohse regelmäßig in den Vereinssitzungen eine Rundschau durch, in denen er Leitartikel aus den im Verein gehaltenen Zeitschriften vortrug „und zum Gegenstande der Besprechung machte"[162]. Man kann jedoch davon ausgehen, dass auch Mitglieder wie Johann Traxdorf, Friedrich Moog, Gottlieb Henze, der Gärtner Johann Gottlieb Dönitz (von dem einige Gedichte im „Wächter an der Saale" veröffentlicht wurden - d. A.) und noch andere proletarische Vereinsmitglieder keineswegs ungebildet, sondern wort- und schriftgewandt und durchaus in der Lage waren, politische Fragen zusammenhängend und verständlich darzustellen. Auch der Feldmesser (Landvermesser - d. A.) August Günther, vom 13. März 1849 bis zu seiner Verhaftung wegen *Preßvergehens* Redakteur der Halleschen Demokratischen Zeitung und Mitglied des Demokratischen Clubs, war im Arbeiterverein organisiert, ja er dürfte sogar einer seiner Initiatoren gewesen sein.[163] Auf der Grundlage seiner journalistischen Tätigkeit trug auch er viel zur politischen Bildung im Verein bei. In Bezug auf den Bildungsstand und die Beteiligung weiblicher Mitglieder an den

Bildungsabenden kann jedoch nach dem bisherigen Forschungsstand keine Aussage getroffen werden.

Mehrfach diskutierten die Mitglieder in den wöchentlichen Zusammenkünften über soziale Fragen, über den Assoziationsgedanken resp. den Nutzen des Zusammenschlusses der Arbeiter, die Selbsthilfe der Arbeiter, das Recht auf Arbeit und dessen Sicherung, über die Ausgestaltung der Volksschule, über die Menschenrechte oder über das Für und Wider des Branntweingenusses.

Über die Bildungsbestrebungen berichteten Vorstandsmitglieder wiederholt an das Zentralkomitee der deutschen Arbeiter in Leipzig.[164] Unter anderem wurde mitgeteilt, dass der Verein auf eigene Kosten „Die Verbrüderung" und die von Wislicenus herausgegebene „Neue Reform"[165] hielt. Einzelne Mitglieder lasen noch die „Bürger- und Bauernzeitung" und die von E. Meyen redigierte „Abendpost"[166]. Sie stellten diese Blätter anderen Vereinsmitgliedern zum Lesen zur Verfügung. Es existierte darüber hinaus im Vereinslokal eine kleine Bibliothek. Diese bestand im November 1849 neben den genannten Periodica zunächst aus 25 Büchern, gedacht „zur Aufklärung in Bezug auf sociale Fragen"[167]. Die Bibliothek wuchs schließlich auf 40 Bände an, „in welcher sich unter socialistischen Broschüren die Schriften Friedrichs II befinden"[168]. Im Prozess gegen den Verein wird Lehrer Lohse dann richtig stellen, die „Vereinsbibliothek sei zum allergrößten Theil durch Geschenk einzelner Mitglieder gebildet, das politische Interesse einzelner Mitglieder sei aber von dem Verein als solchen nicht zu vertreten. Uebrigens seien von 64 Bänden besagter Bibliothek nur 4 Bände rein politischen Inhalts"[169].

Um musische Begabungen und Geselligkeit zu pflegen, gründeten Vereinsmitglieder eine „Arbeiter-Liedertafel", der 91 Männer beitraten. Wann dieser Gesangsverein entstand, kann nicht genau datiert werden. Auf jeden Fall geschah dies vor dem Verbot des Arbeitervereins, etwa im Jahre 1849, spätestens vor dem August 1850. Das Mitgliedsverzeichnis der Arbeiter-Liedertafel befindet sich ebenfalls in dem bereits erwähnten Mitgliedsbuch des Arbeitervereins, das ebenso die Listen der in die beiden Unterstützungskassen eingetretenen Mitglieder enthält. Andere Autoren vermuten, dass die Liedertafel erst nach dem Verbot des Vereins als Ersatzorganisation entstand, um als Gesangsverein getarnt die Organisationsstruktur wenigstens teilweise aufrechtzuerhalten und weiterhin in gewissem Maße politisch wirksam sein zu können.[170]

---

[142] Vgl. Schlechte H.: Die allgemeine deutsche Arbeiterverbrüderung, S. 2.

[143] Vgl. ebenda, Dok. 132 und 133, S. 253; vgl. auch Dok. 123, S. 252.

[144] Ebenda, Dok. 133, S. 253.

[145] Vgl. StAH, Historische Handschriftenabteilung, B. 24, Mitgliederbuch des Arbeitervereins von 1848.

[146] Vgl. Hertzberg, G. F.: Geschichte der Stadt Halle an der Saale während des 18. und 19. Jahrhunderts (1717 bis 1892). - Halle, 1893, S. 538; vgl. auch HPW, Nr. 36 vom 3. September 1849, S. 1339.

[147] Vgl. LA Merseburg. Rep. C 48, Regierung Merseburg, Ie Nr. 158 I, Bl. 57.

[148] Schlechte, H.: Die allgemeine deutsche Arbeiterverbrüderung, Dok. 133, S. 254. - Vgl. auch „Die Verbrüderung", Nr. 68 vom 25. Mai 1849 und Nr. 103/1849, S. 414.

[149] Vgl. LA Merseburg, Rep. C 48, Regierung Merseburg, Ie Nr. 158 I, Bl. 87.

[150] Vgl. HPW, Nr. 31 vom 2. August 1845, S. 990.

[151] Vgl. HPW, Nr. 32 vom 9. August 1845, S. 1023-1024.

[152] Das Hauptgeschäftslokal der Arbeits-Nachweisungs-Anstalt befand sich im Büro der Armen- und Schulkasse im „Erdgeschoss des Rathhauses auf der Mittagsseite". Dort sollten sich Arbeitsuchende melden. Arbeitgeber dagegen konnten ihren Bedarf auch bei Kfm. Gutzeit in der Oberen Leipziger Straße, Kfm. Schulze in der Oberen Steinstraße, Kfm. Brodkorb in der Geiststraße,

Kfm. Politz in der Klausstraße, Kfm. Sonnemann in Glaucha und bei Witwe
Förster im Steinweg anmelden. - Vgl. HPW, Nr. 33 vom 16. August 1845,
S. 1050-1051 und Nr. 37 vom 13. September 1845, S. 1177-1180.
[153] Vgl. StAH, Historische Aktenabteilung, Kapitel III, Abteilung Ga Nr. 20.
[154] Vgl. HPW, 1. Beilage zu Nr. 2 vom 11. Januar 1848, S. 52; vgl. auch
Bürgerblatt, Februar 1848, S. 63-65.
[155] Vgl. ebenda.
[156] HPW, Nr. 45 vom 10. November 1849, S. 1668.
[157] HPW, Nr. 51, 1. Beilage vom 25. Dezember 1849, S. 1887.
[158] Vgl. Balser, F.: Sozial-Demokratie von 1848/49-1863, S. 91-92.
[159] Über spezielle Assoziationsbetriebe für Arbeiterinnen ist nur wenig
bekannt. Louise Otto berichtet zum Beispiel in der Frauen-Zeitung Nr. 2 vom
28. April 1849 darüber, dass die Berliner assoziierten Arbeiter eine Strumpf-
Assoziation nur für die Frauen gegründet hätten. In Nr. 29 vom 20. Juli 1850
schreibt Louise Otto zum gleichen Thema, dass sich „in Berlin Näherinnen
und Strickerinnen unter sich associiert" hatten. Auch hätten sich an den „Brot-
Assoziationen" viele Arbeiterinnen beteiligt. In Nr. 48 vom 30. November
1850 sind die „Statuten der Schneider-Assoziation zu Bielefeld" abgedruckt,
deren Überschüsse nach §§ 11 und 15 auch der sozialen Absicherung der
Frauen und Kinder der Mitglieder in Notsituationen dienten.
Auch im „Volks-Taschenbuch für 1850" stellt ein anonymer Autor in dem
Beitrag „Die Berliner Arbeiter-Verbrüderung" die Assoziationseinrichtungen
für Frauen des Berliner Bezirkskomitees dar (S. 92-194).
[160] Vgl. LA Merseburg, Rep. C 43, Regierung Merseburg, Ie Nr. 158 I,
Bl. 90 und 91.
[161] Vgl. Balser, F.: Sozial-Demokratie von 1848/49-1863, S. 98.
[162] Der Courier, Nr. 330 vom 19. Juli 1851, S. 3.
[163] Vgl. LA Merseburg, Rep. C 48, Regierung Merseburg, Ie Nr. 158 I, Bl. 86
und 89; vgl. auch HDZ, Nr. 59 vom 13. März 1849.
[164] Vgl. Die Verbrüderung, Nr. 119 vom 20. November 1849, S. 475-476; vgl.
auch Schlechte, H.: Die allgemeine deutsche Arbeiterverbrüderung, Dok. 134,
S. 255-256; Piechocki, W.: Der hallesche Arbeiterverein, S. 25.
[165] Zur Bedeutung der „Reform" bei der Verbreitung sozialistischen
Gedankenguts vgl. Peters, H.: Zur Tätigkeit und Rolle der Zeitschrift
„(Kirchliche) Reform" 1847/48 in Halle. In: Schmidt, W. / Seeber, G. (Hrsg.):
Sozialismus und frühe Arbeiterbewegung, Berlin, 1989, S. 228-233.
[166] Vgl. Schlechte, H.: Die allgemeine deutsche Arbeiterverbrüderung,
Dok. 134, S. 256.
[167] Die Verbrüderung, Nr. 119 vom 20.November 1849, S. 476.
[168] LA Merseburg, Rep. C 48, Regierung Merseburg, Ie Nr. 158 I, Bl. 91.

[169] Der Courier, Nr. 330 vom 19. Juli 1851, S. 3.
[170] Vgl. StAH, Historische Handschriftenabteilung, B. 24, Mitgliederbuch des Arbeitervereins von 1848, Arbeiter-Liedertafel; vgl. auch Piechocki, W.: Der hallesche Arbeiterverein, S. 25; Autorenkollektiv: Halle. Geschichte der Stadt in Wort und Bild. - Berlin, 1979, S. 60.

10. Die einsetzende Repression

Bereits im November 1848 verschlechterten sich die politischen Bedingungen für den Arbeiterverein zunehmend. Er hatte rückhaltlos die Demokraten und die Sache der Republik unterstützt, denn im engen Anschluss an die demokratische Partei sahen seine Mitglieder die Gewähr für die Verbesserung ihrer Lage und die Sicherung der erkämpften bürgerlichen Grundrechte. Nicht zuletzt deshalb erhielt Gustav Rawald das Mandat, den Verein auf dem Zweiten Demokratenkongress in Berlin zu vertreten und gaben ihm die Arbeiter die bereits oben erwähnten programmatischen Forderungen mit. Ebenso bedingungslos unterstützten die Proletarier die Steuerverweigerungskampagne. Im November 1848 bestand weder im Volks- noch im Arbeiterverein Zweifel darüber, dass die Demokraten in Kürze bereit sein mussten, die errungenen demokratischen Freiheiten auf den Ruf der Frankfurter Nationalversammlung hin nötigenfalls mit der Waffe in der Hand zu verteidigen.

Dazu war vor allem das Lancierkorps der Arbeiter bereit, dessen Mitglieder in der Mehrheit auch im Arbeiterverein organisiert waren. Am 15. November 1848 forderte Gottlieb Henze, Beisitzer im Vorstand des Arbeitervereins, in Nr. 106 der Halleschen Demokratischen Zeitung dazu auf, sich in mobile Kolonnen einzutragen, wozu die Listen bei ihm, Kleine Klausstraße Nr. 915, bereit lägen. Am gleichen Tag wurde in Halle ein Sicherheitsausschuss gebildet, in dem der Arbeiterverein durch seinen Vorsitzenden Johann Traxdorf vertreten war.

Der demokratische Kreisausschuss Halle, auf dessen Initiative der Sicherheitsausschuss zurückging, suchte bereits seit den Septembertagen Verbindung zur halleschen Garnison.[171] Wohl wissend, dass die in Halle stationierte Landwehr in den kommenden Wochen nicht nur im schleswig-holsteinischen Krieg, sondern auch zur Unterdrückung der Steuerverweigerungskampagne eingesetzt werden könnte, lud Traxdorf auf den ersten Donnerstagabend im November zu einer *Landwehrmänner-Versammlung* in den Saal des Magdeburger Bahnhofs ein. Auf der Tagesordnung standen daher nicht nur Forderungen zur materiellen Sicherstellung von Eingezogenen und deren Familien während der Dienstzeit sowie zur angemessenen Unterstützung der Hinterbliebenen Gefallener beziehungsweise von Invaliden. Kernpunkt war die Diskussion darüber, dass die Landwehr „nur gegen den äußern Feind" eingesetzt werden dürfe.[172] Aus dem Inserat geht hervor, dass viele einfache Landwehrmänner so wie Traxdorf dachten und nicht gewillt waren, sich für die Zerschlagung der demokratischen Errungenschaften missbrauchen zu lassen.

Die revolutionäre Bewegung erreichte am 19. November 1848 in Halle ihren Höhepunkt. An diesem Tag sollte die Landwehr eingekleidet und mit der Eisenbahn nach Magdeburg gebracht werden, um später am Krieg gegen Schleswig-Holstein teilzunehmen. Die demokratischen Kräfte trachteten die Verlegung der halleschen Regimenter zu verhindern, weil eben auch ein Einsatz gegen die Steuerverweigerer befürchtet wurde. Bereits am Vorabend riefen mehrere Redner auf einer Volksversammlung zum Ungehorsam gegen die Behörden auf. Es wurde festgelegt, am folgenden Morgen früh sieben Uhr erneut eine Volksversammlung auf dem halleschen Markt abzuhalten, um dort über die Verhinderung der Einkleidung der Landwehr, über die Absetzung der Behörden und über die Durchführung des Steuerverweigerungsbeschlusses zu beraten.[173] Im Verlaufe des Tages kam es zu einem bewaffneten Zusammenstoß zwischen Bürgerwehr und dem als „praetorianische Leibgarde der Anarchie"[174] beschimpften Lancierkorps, in dessen Folge die Arbeiter durch Angehörige der Bürgerwehr entwaffnet, ihre militärischen Führer, der Jäger Carl Fischer und der Lehrer Heinrich Weißgerber, verhaftet wurden.[175]

Dem Befehl zur Entwaffnung des Lancierkorps leisteten nicht alle dazu abkommandierten Bürgerwehrmitglieder Folge. Der Führer der 2. Bürgerwehrkompanie, der Brauereibesitzer Franz Sioli, stellte sich auf die Seite des Arbeiterkorps. Er verweigerte den Befehl und legte sein Kommando nieder.[176] Sioli war Mitglied der Vereinigten freien christlichen Gemeinde. Er gehörte zu denjenigen katholischen Christen, die 1845 die Deutsch-katholische Gemeinde gegründet hatten und war Mitglied in deren Ältestenrat. Sioli musste Halle ebenfalls vorübergehend verlassen und geriet offenbar in Not![177]

Einige Mitglieder des Lancierkorps entzogen sich der Verhaftung und Aburteilung durch ihre Flucht aus Halle. Gustav Rawald, der Herausgeber der „Halleschen demokratischen Zeitung" wurde noch am 19. November in Arrest genommen. Das Landgericht Halle verurteilte im Februar 1849 Carl Fischer zu vier Jahren Festungshaft und Heinrich Weißgerber[178] zu zweijähriger Einstellung in eine Strafsektion sowie Verlust der Ansprüche auf Anstellung im Preußischen Staatsdient. Gustav Rawald, der entschiedene Demokrat, erhielt sechs Jahre Festungshaft. Alle drei mussten die Strafe voll verbüßen. Bernhard Martin Giese, bis

Anfang 1849 Prediger der Vereinigten freien Gemeinde, wurde wegen der Veröffentlichung seines „Sturmlieds" in der Hallischen Demokratischen Zeitung zu zweieinhalb Jahren Festung verurteilt. Mit Rawald und Giese traf die politische Strafjustiz zugleich die freireligiöse Bewegung der Stadt. Der Bäcker und Mehlhändler Füller wurde wegen Majestätsbeleidigung und Aufruhrstiftung in der Revolution zu zwei Jahren Haft verurteilt, die er auf der Lichtenburg verbüßte. Johann Traxdorf jedoch und der Arbeiterverein blieben - zunächst - unbehelligt.

Um Repressalien vorzubeugen und seinen Fortbestand zu sichern, gab sich der hallesche Arbeiterverein - wie andere nach der Niederlage der revolutionären Kräfte - betont unpolitisch und ausschließlich auf soziale Belange, Selbsthilfe und Bildung ausgerichtet. Vielfach konnten sich die Arbeiter nur auf diese Weise dem stärker werdenden Druck der Reaktion erwehren. Als sich der Verein am 3. Juni 1849 ein Statut gibt, wird im § 1 ausdrücklich vermerkt, dass „alle politischen und religiösen Fragen den Verhandlungen des Vereins" soviel „als möglich" ausgeschlossen bleiben.[179] Dies lässt darauf schließen, dass die Beziehungen zu den freireligiösen Gemeinden der Stadt vermutlich ziemlich eng waren. Trotz der Einschränkungen bekannten sich die Mitglieder in § 2 ausdrücklich zu den Beschlüssen des Berliner Arbeiterkongresses vom 23. August bis 3. September 1848 „und in Folge dessen die Beschlüsse des Central-Commités in Leipzig, soweit solche die Arbeiterfragen betreffen für sich als bindend an"[180]. Im Sinne der Entwicklung eines proletarischen Moral- und Verhaltenskodex wird jedem Mitglied in § 13 nahegelegt, „auch außerhalb des Vereins durch ein ehrenhaftes Betragen durch Sittlichkeit und Ordnungsliebe dem Zwecke des Vereins nachzukommen"[181]. Mit solchen und

76

ähnlichen Festlegungen grenzte sich die frühe Arbeiterbewegung gegen jene „Klasse der Stumpfsinnigen [...], deren Welt einzig und allein im Bierkrug und in der Karte besteht"[182], ab. Zugleich betonten Arbeiter damit, dass sie ebenso Würde und Anstand besaßen wie die sogenannten gebildeten Klassen.

Trotz des wachsenden politischen Druckes auf den Verein von außen fand am 17. Dezember 1848 eine Sitzung statt, die „wohl interessanteste, welche seit der Gründung des Vereins gehalten worden war."[183] An diesem Abend sprach Stefan Born, der führende Kopf der Arbeiterverbrüderung. Born war gebeten worden, „die Nothwendigkeit, die Grundsätze und die näheren Bedingungen der Arbeiter-Association darzulegen."[184] Sein Vortrag war durch „ruhige Klarheit von einer überzeugenden, bleibenden Wirkung", wie es in dem Bericht darüber in der Halleschen Demokratischen Zeitung hieß. Stephan Born vertrat in Halle noch den später von ihm verworfenen utopisch-sozialistischen Standpunkt, durch eine Vergenossenschaftung der Arbeit „[...] nach und nach in nicht zu langer Zeit durch die regelmäßig gemeinsam verwalteten Ersparnisse der Arbeiter die Arbeit von der Knechtschaft des Capitals zu befreien und endlich die Arbeiter mit Beseitigung der Mittelspersonen zu Eigenthümern des Marktes für ihre Produktion zu machen"[185]. Allerdings teilte Born mit Karl Marx die Ansicht, und legte das auch in jener Arbeiterversammlung dar, dass die Arbeiter, um sich von Ausbeutung und Unterdrückung zu befreien, zunächst die politische Macht erobern müssten.

Im Frühjahr 1849, vermutlich im Mai, wurde Johann Jacob Traxdorf, der Vorsitzende des Arbeitervereins, zur Landwehr eingezogen und auf der Festung Magdeburg stationiert.[186] Der

Arbeiterverein unterstützte Traxdorfs Familie während seines Militärdienstes. Zum neuen Vorsitzenden wählten die Mitglieder den bisherigen Beisitzer Friedrich Moog, als weitere Vorstandsmitglieder die Arbeiter Leuschner, Andreas Thomas, Johann Theodor Gille und Friedrich Voigt, genannt Göbel.[187] Nachdem Traxdorf spätestens im Oktober desselben Jahres wieder freikam, setzte er die politische Tätigkeit im Verein fort. Er wurde zum ersten Schriftführer des Vorstandes gewählt oder war zeitweise sogar wieder Vorsitzender. Er nahm im Auftrag seiner Arbeiterbrüder an der sächsischen Arbeiterkonferenz Ende Dezember 1849 und an der Generalversammlung der Arbeiterverbrüderung, die vom 20. bis 26. Januar 1850 in Leipzig tagte, teil.[188] Die Kosten dafür brachte der Verein auf. Am 20. Februar 1850 sprach Traxdorf, wie bereits erwähnt, vor den Delegierten der Generalversammlung über die Arbeit des halleschen Arbeitervereins.[189] Er wurde jedoch, wie Hermann Bremer aus Breslau, zur vorzeitigen Abreise gezwungen. Offenbar beobachtete die preußische Polizei die in Leipzig versammelten Teilnehmer aus Preußen.

Trotz der schwierigen politischen Lage wurde am 15. Oktober 1849 anlässlich des ersten Jahrestages der Gründung des Vereins ein feierliches und würdevolles Stiftungsfest begangen. Auch darüber wurde in der „Verbrüderung" berichtet. Darin heißt es: „Angemessene Reden verherrlichten die Bedeutung des Festes und würzten das einfache Mahl und den erheiternden Trank [....]. Es war erhebend mitten unter den Feiernden auch den Freund der Armen und Gedrückten zu sehen. G. A. Wislicenus war zur Festfeier eingeladen und erhob die Gemüther durch sein einfaches und klares Wort. So beschämen einfache Arbeiter die Vornehmen und Gelehrten, welche es verschmähen, mit jenem

78

Ehrenmanne zusammenzusitzen! Außerdem sprachen noch in längerer Rede Traxdorf, der Vorsitzende des Vereins, und Moog und lieferten wiederum den Beweis, daß auch solche, welche nicht studirt haben, sich über die Angelegenheiten des Tages auszusprechen wissen. Während des Festes vergaß man auch eines wegen politischer Angelegenheiten gefangen gehaltenen Mitgliedes nicht, sondern bethätigte die Anerkennung der Leistungen dieses Mannes durch Gaben der Liebe. So verlief die Feier des ersten Stiftungsfestes, ausgezeichnet durch würdevolle und anständige Haltung der Gesellschaft, und die Töne der Musik und des Gesanges wurden die Träger hochherziger Entschließungen, welche auf's Neue in der Brust der Feiernden emporkeimten." Der Bericht schloss mit der Hoffnung, „[...] möge der Wunsch, unsers wackern Wislicenus in Erfüllung gehen, der in prophetischem Geiste sprach: Wenn die Arbeiter mit Besonnenheit und Festigkeit zu Werke gehen, dann wird ihre gerechte Sache den Sieg davon tragen!"[190]

---

[171] Vgl. Hallesche Zeitung. Organ der Demokratie. Nr. 67 vom 30. September 1848, Abendblatt. - Die Hallesche Zeitung war die Vorläuferin der HDZ.

[172] Der Courier, Nr. 256 vom 1. November 1848, S. 8.

[173] Vgl. ebenda, S. 112-113.

[174] LA Merseburg. Rep. C 48, Regierung Merseburg, Ie Nr. 158 I, Bl. 86.

[175] Vgl. zum Ablauf der Ereignisse des 19. November 1848 u. a. Neuß , E.: Entstehung und Entwicklung, S. 295-297.

[176] Vgl. ebenda, S. 299-297. Erich Neuß zitiert diesen Fakt nach StAH, Hs. A 30 (Chr. G. Froschs Hallorenchronik, hier das Jahr 1848 betreffend).

[177] Vgl. Der Courier, Nr. 293 vom 15. Dezember 1850, S. 5.

[178] Vgl. auch StAH, Historische Aktenabteilung, Kapitel X, Abteilung III Nr. 7.

[179] Vgl. LA Merseburg, Rep. C 48, Regierung Merseburg, Ie Nr. 158 I, Bl. 94.

[180] Ebenda.

[181] Ebenda, Bl. 97.

[182] Schneiderheinze, M.: Zur Entwicklung der Arbeiterdiskussion, S. 166.

[183] HDZ, Nr. 136 vom 20. Dezember 1848.

[184] Ebenda.

[185] Ebenda.

[186] Vgl.: StAH Halle, Urbevölkerungslisten der Stadt Halle, Mikrofilm B14,5-14,8, Jahr 1849.

[187] Vgl. LA Merseburg, Rep. C 48, Regierung Merseburg, Ie Nr. 158 I, Bl. 97. - Vgl. auch Schlechte, H.: Die allgemeine deutsche Arbeiterverbrüderung, Dok. 132, S. 252. - Der Vorname des Vorstandsmitglieds Leuschner ließ sich nicht ermitteln.

[188] Vgl. LA Merseburg, Rep. C 48, Regierung Merseburg, Ie Nr. 158 I, Bl. 134. - Vgl. auch Schlechte, H.: Die allgemeine deutsche Arbeiterverbrüderung, Anlage 3, S. 517; Wermuth/Stieber: Die Communisten-Verschwörungen des neunzehnten Jahrhunderts. Erster Theil. - Berlin, 1853, Anlage XX II, S. 311 (im Folgenden Wermuth/Stieber: Die Communisten-Verschwörungen I). - Die Vermutung, Traxdorf könnte sein Amt als Vorsitzender des Vereins wieder aufgenommen haben, ergibt sich daraus, dass unter dem in Nr. 119 vom 20.11.1849 veröffentlichten Bericht über das Vereinsleben sein Name an erster Stelle steht und er auch im Bericht über das Stiftungsfest am 15.10.1849 als Vorsitzender genannt wird.

[189] Vgl. Die Verbrüderung, Nr. 33 vom 13. Mai 1850, S. 150 und S. 152.

[190] Die Verbrüderung, Nr. 111 von 1849, S. 445; vgl. auch Piechocki, W.: Der hallesche Arbeiterverein, S. 24.

11. Das Verbot

In den ersten Monaten des Jahres 1850 unternahm die Reaktion einschneidende Maßnahmen gegen die elementare Arbeiterbewegung. Die Regierungen der deutschen Einzelstaaten versagten bei der Wahrnehmung und Lösung sozialer Probleme. Sie waren mit der Wiederherstellung ihrer Macht und vormärzlicher Verhältnisse befasst und bekämpften mit der Arbeiterverbrüderung nicht das soziale, sondern das politische Problem. Die Repression gegen die Arbeitervereine war nicht nur Ausdruck einer prinzipiellen Ablehnung der Rechtsansprüche der Arbeiter, sondern zugleich Ausdruck des wiedererstarkenden einzelstaatlichen Willens und Machtanspruchs.[191]

Bald nach dem Leipziger Arbeiterkongress von Ende Februar „wurde durch die Gesetzgebung der größeren deutschen Staaten über Vereine, namentlich durch das preußische Gesetz vom 11. März 1850 und die sächsische Verordnung vom 3. Juni 1850, das Central-Comité der allgemeinen Arbeiterverbrüderung zu Leipzig", wie auch in der „Verbrüderung" an mehreren Stellen konstatiert wird, „nach außen sehr beengt, und dies war selbst im Innern noch mehr der Fall [...]"[192] Tatsächlich warnte das Zentralkomité der Arbeiterverbrüderung am 29. März 1850 in einer Beilage zu Nr. 26 der „Verbrüderung" vor Unterwanderung und Bespitzelung. „Wir warnen unsere Brüder daher freundschaftlich vor derlei Eindringlingen, seien es Personen oder Zuschriften, und machen darauf aufmerksam, daß sie Niemandem über ihre Verhältnisse Aufschluß zu geben haben, als ihren Bezirks- und Hauptvereinen, Vororten, Centralbüreaus und dem Central-Komite."[193] Die Dresdener Regierung ließ Anfang April Hausdurchsuchungen bei einer Anzahl sächsischer

Arbeiterfunktionäre durchführen. Bei Carl Gangloff fielen ihr dabei die Papiere und Korrespondenzen der Arbeiterverbrüderung, unter anderem die Briefe des halleschen Arbeitervereins, in die Hände.[194]

Am 29. Juni 1850 erschien in Leipzig mit Nr. 39 die letzte Ausgabe der „Verbrüderung". Darin teilte die Redaktion den Lesern mit, um einer drohenden polizeilichen Auflösung gemäß § 23 des sächsischen Vereinsgesetzes vom 3. Juni 1850 vorzubeugen, sei das Zentralkomitee aufgelöst und auch die Bezirkskomitees bestünden nicht mehr.[195] Anfang Juli 1850 wurden die Arbeiterverbrüderung und die ihr angeschlossenen Vereine von den meisten deutschen Staaten für ungesetzlich erklärt.

Auch Preußens Innenminister von Manteuffel wies die Oberpräsidenten der Provinzen in einem Schreiben an, laut Artikel 30 der Verfassungs-Urkunde für den preußischen Staat vom 31. Januar 1850, die der Arbeiterverbrüderung angeschlossenen Vereine überwachen zu lassen. In dem betreffenden Schreiben wurden die Arbeitervereine als staatsgefährdend eingestuft: „Wer immer auch nur den öffentlich hervorgetretenen Bestrebungen dieser Associationen seit dem Jahre 1848, - insbesondere ihren durch die Presse veröffentlichten Verhandlungen und Beschlüssen auf den verschiedenen Congressen [...] und den von ihrem Central-Comitee und Ausschüssen von Zeit zu Zeit ausgegangenen Aufrufen, Manifesten und Adressen (z. B. [...] Rundschreiben des Central-Comitees der deutschen Arbeiter an sämmtliche Arbeiter-Vereine Deutschlands d.d. vom 1. Januar 1849 und andere mehrere) - mit einiger Aufmerksamkeit gefolgt ist, kann über das verbrecherische ihrer, auf den Umsturz aller staatlichen und sozialen Ordnung gerichteten Endziele und das zur Verwirklichung derselben theils beabsichtigten theils schon angewendeten Mittel sich keiner Täuschung hingeben."[196] Von Manteuffel warf den Arbeitervereinen weiter vor, das Königreich zu untergraben, die Verfassung, ja sogar jede staatliche Ordnung beseitigen zu wollen und die Arbeiter verhüllt und unverhüllt gegen die Besitzenden aufzureizen.[197]

Spätestens seit der preußischen „Verordnung über die Verhütung eines die gesetzliche Freiheit und Ordnung gefährdenden Mißbrauchs des Versammlungs- und Vereinigungsrechts vom 11. März 1850" wurde auch der hallesche Arbeiterverein zunehmend von außen - und es ist anzunehmen, ebenso von innen - observiert. Dies war für die hallesche Polizei kein Problem, denn der Verein führte seine Sitzungen, außer wenn Personalfragen zur Debatte standen, laut § 5 seines Statuts stets öffentlich durch.[198] Doch besuchten die Versammlungen, wenn man dem Bericht des Magistrats vom 31. August 1850 Glauben schenken kann, „nur Vereinsmitglieder, wenn nicht die Bewohner des Hotel de Prusse (Gastwirth Grundmann, Lehrer Koerner, Fabrikant Fuhse) hie und da, wenn auch sehr selten, den Verein mit ihrer Gegenwart erfreuen um ihn an den politischen Impuls zu fühlen"[199]. Offensichtlich wussten die städtischen Behörden nicht oder wollten nicht wissen, dass Gastwirt Friedrich Grundmann nicht nur ein Lokal für den Arbeiterverein zur Verfügung stellte, sondern in den Verein eingeschrieben war. Auch ist wenig wahrscheinlich, dass sich Friedrich Körner, der Laienprediger der vereinigten freien Gemeinde, für Spitzeldienste gegen den Arbeiterverein missbrauchen ließ.

Im August 1850 musste der Magistrat wiederholt über den Arbeiterverein an die Regierung in Merseburg berichten, so am 11., am 12. und am 31. des Monats. Dem Schreiben vom 12. August an das Ministerium des Innern fügte Oberbürgermeister Bertram den Bericht des Polizeiinspektors Albrecht über den Verein bei.[200] Albrecht stellte darin den Verein gefährlicher dar, als dieser jemals war. In der ersten Zeit seines Bestehens sei der Verein „revolutionair und extrem communistisch" gewesen, so dass es schwierig schien, „den Wahnwitz oder die Bosheit der ihn leitenden Köpfe unschädlich zu machen"[201]. Doch der Verein sei <u>für jetzt</u> ungefährlich. „In diese Haltung ist er aber - was hier zur klareren Einsicht nicht verschwiegen werden kann - nur durch die sorgfältigste, speziellste und dennoch unfühlbare Ueberwachung, durch das stete Zurhandhalten von Gegenmaßregeln durch Einbringen besserer Elemente und anderweitiger besserer Einwirkung durch Ableitung von politischen Fragen zu unverfänglichen Dingen, durch Abhaltung einer Vereinigung mit gleichnamigen oder gleichgesinnten Vereinen und deren geschickteren Führern hier oder auswärts allmählich geführt worden!"[202] Aufgrund der „Allgemeingefährlichkeit" der im Arbeiterverein vertretenen Tendenzen müsse man „auch für die Auflösung des hiesigen Vereins sein [...]"[203] Albrecht schloss nicht aus, dass Arbeiter sehr bald wieder versuchen würden sich zusammenzuschließen. Dann würde die Polizei „überhaupt durch das später nöthige Auseinanderhalten und Bewachen der Arbeiter mehr Arbeit haben, als sie jetzt bei zweckmäßigen Verfahren durch Unschädlichmachung ihrer Vereine hatte"[204].

Ebenfalls sehr ausführlich unterstrich Stadtrat Heise in dem bereits weiter oben erwähnten Bericht an das Innenministerium in Merseburg vom 31. August 1850 die von Polizei-Inspektor Albrecht aufgezeigte *Gefährlichkeit* des Vereins. Er bedauerte, nicht schon früher gesetzliche Mittel in der Hand gehabt zu haben, die ein Verbot des Vereins ermöglicht hätten. Geblieben sei nach dem Erlass des neuen Vereinsgesetzes vom 11. März nur noch die Zahlungen an wandernde Gesellen, doch auch diese „sollte nach einem Beschluße der vorletzten Versammlung beschränkt werden, und es ist jetzt der Antrag zu erwarten, daß sie gar nicht mehr stattfinden [...]. Diese gegenseitige Unterstützung sowie die unterlassenen Abänderung des freilich nicht mehr zur Anwendung gebrachten § 2 des Statuts des Vereins, durch Aufhebung der Unterordnung unter die Beschlüsse des Central-Comitees in Leipzig sind aber auch die einzigen Umstände, welche dem Verein als eine ungesetzliche Handlung zur Last gelegt werden könnten; dieserhalb aber auf Grund des Gesetzes vom 11. März vorzugehen versprach wenig Erfolg vor dem Richter und erschien uns ohne begleitende erhebliche Vorwürfe auch sonst nicht zweckmäßig. Wir haben gleichwohl der Königlichen Staatsanwaltschaft Abschrift der Statuten mitgetheilt und ihr über den im Verein herrschenden Geist Nachricht gegeben"[205].

Nachsuchungen beim letzten Vorsitzenden des Vereins, Buchbinder Edmund Friedrich Benjamin Krause, bei Feldmesser August Günther und im Versammlungslokal brachten kein belastendes Material zutage, vor allem nicht die durch die sächsische Polizei in Leipzig bei Gangloff konfiszierten Berichte.[206] Daher verzichtete man vorerst auf eine Beschlagnahme. Der Vorstand hatte, wie es scheint, auch vorgebaut. So fiel unter anderem das Mitgliedsbuch des Vereins nicht in die Hände der Polizei. Das Vereinsmitglied August Losse verwahrte es und übergab das Verzeichnis viele Jahre nach diesen Ereignissen dem Stadtarchiv Halle. Heise schloss sich der Meinung Albrechts an, dass nach den Unterlagen des Vereins zu urteilen, der hiesige Arbeiterverein zwar zum gegenwärtigen Zeitpunkt nicht gefährlich sei, es jedoch „nicht zweckmäßig sein würde, bei einer etwa anzuordnenden allgemeinen Auflösung sämmtlicher Arbeiter-Vereine, zugunsten des hiesigen [...] eine Ausnahme zu machen und sein Fortbestehen nachzulassen"[207]. Am 2. Oktober 1850 verfügte der Magistrat die Schließung des Vereins und übergab „die Sache zur weiteren Verfolgung" an die Königliche Staatsanwaltschaft zu Halle.[208]

---

[191] Vgl. Balser, F.: Sozial-Demokratie von 1848/49-1863, S. 239-241.

[192] Wermuth/Stieber: Die Communisten-Verschwörungen I, S. 147.

[193] Die Verbrüderung, Beilage zu Nr. 26 vom 28. März 1850.

[194] Vgl. LA Merseburg, Rep. C 48, Regierung Merseburg, Ie Nr. 158 I, Bl. 40, 41, 42, 43 und 44; vgl. auch: Die Verbrüderung, Vorwort von Rolf Weber, S. XVI.

[195] Vgl. Die Verbrüderung, Nr. 39 vom 29. Juni 1850, S. 197.

[196] LA Merseburg, Rep. C 48, Regierung Merseburg, Ie Nr. 158 I, Bl. 4 und Bl. 5 (Unterstreichung im Original).

[197] Vgl. ebenda, Bl. 6.

[198] Vgl. ebenda, Bl. 95; vgl. auch HDZ Nr. 120 vom 2. Dezember 1848.

[199] LA Merseburg, Rep. C 48. Regierung Merseburg, Ie Nr. 158 I, Bl. 91.

[200] Vgl. ebenda, Bl. 67, 68 und 69.

[201] Ebenda, Bl. 69.

[202] Ebenda. - Unterstreichung im Original.

[203] Ebenda.

[204] Ebenda.

[205] Ebenda, Bl. 87.

[206] Vgl. ebenda, Bl. 92.

[207] Ebenda.

[208] Vgl. ebenda, Bl. 159.

12. Der Kommunistenprozess zu Halle

Dies hatte ein trauriges Nachspiel für die Männer, die zuletzt an der Spitze des Vereins standen. Halle bekam seinen „Kommunistenprozess". Am 15. Juni 1851 wurde „Anklage wider

1. den Predigtamts-Kandidaten Wilhelm Theodor Lohse zur Zeit in Nordhausen.
2. den Buchbindermeister Edmund Friedrich Benjamin Krause.
3. den Arbeitsmann Friedrich Voigt, genannt Goebel.
4. den Handarbeiter Johann Daniel Eckart.
5. den Handarbeiter Johann Theodor Scheibner, genannt Gille.
6. den Maurer Ernst Matthias Toeppe.
7. den Victualienhändler Johann Franz Kritzinger.
8. den Seilermeister Ernst Ferdinand Laue.
9. den Musiker Johann Christoph Andreas Kuhnt.
10. den Speisewirth Louis Reinhold Voigt

wegen Verstoßes gegen das Vereinsgesetz vom 11. März 1850"[209] erhoben.

Der Prozess fand am 17. Juli 1851 als öffentliche Sitzung statt.[210] Den zehn Männern wurde hauptsächlich zur Last gelegt, dass der Arbeiterverein auch nach erlangter Rechtskraft des Vereinsgesetzes vom 11. März 1850 „die Erörterung politischer Gegenstände zum Zwecke hatte und diesen Zweck bethätigte" sowie „daß derselbe gegen die beschränkenden Vorschriften des § 8 des [...] Gesetzes verstieß"[211]. Als Beweis für die *politische Natur* des Arbeitervereins wurden in der Anklageschrift angeführt: die Beschaffenheit seiner Bibliothek, welche fast keine Titel enthielte, die vorwiegend gewerbliche und soziale Fragen behandeln, dagegen aber in der Mehrzahl politische Schriften. Im

Zusammenhang damit warf man den Angeklagten vor, dass der Verein die „Neue Reform" von Wislicenus, die „Bürger- und Bauernzeitung", die „Verbrüderung" und den „Prometheus" gehalten habe. Exemplare davon waren nach der Schließung des Vereins beschlagnahmt worden. Im Verlauf des Prozesses stellten die Angeklagten richtig, dass der „Prometheus" nicht gehalten wurde, jedoch die politische Zeitschrift „Hahn", und für deren „einzelne extravagante Ausfälle [...] möge man die Redaktion desselben verantwortlich machen"[212]. Als Beweis für diesen Anklagepunkt diente der Staatsanwaltschaft das Zeugnis von Polizei-Inspektor Albrecht. Ferner habe Lohse in den Vereinssitzungen Auszüge aus den Zeitschriften vorgelesen und durch eigene weiterführende Erläuterungen ergänzt. Dies hatte Lohse auch eingestanden. Und schließlich legte man den Angeklagten die politische Natur des Vereins zur Last, die aus seinen Statuten und dem Bekenntnis zu den Beschlüssen des Berliner Arbeiterkongresses ersichtlich sei. Als Beweismittel für diesen Anklagepunkt diente ein Exemplar der Beschlüsse des Berliner Arbeiterkongresses vom 23. August bis 3. September 1848.[213]

Darüber hinaus unterlag der Verein nach § 8 des Gesetzes vom 11. März 1850 weiteren Beschränkungen, die ebenfalls Anklagepunkte waren. Gemäß § 8a war es politischen Vereinen verboten *Frauenspersonen, Schüler und Lehrlinge* aufzunehmen. Dies war jedoch geschehen, „denn es gehörten nicht eine geringe Anzahl Frauenspersonen zu seinen Mitgliedern"[214]. Zweitens verstieß der Arbeiterverein laut Anklageschrift dagegen, dass er als politischer Verein nicht mit anderen Vereinen gleicher Art in Verbindung treten durfte. Als Beweis hierfür wurden wiederum die Beschlüsse des Berliner Arbeiterkongresses und seine

Verbindung zum Zentralkomitee der Arbeiterverbrüderung in Leipzig angeführt. Und nicht zuletzt legte man den Angeklagten zur Last, dass der Verein eine Wanderkasse zur Unterstützung durchreisender Arbeiter unterhielt, ohne zu prüfen, ob diese tatsächlich einem anderen Arbeiterverein angehörten.[215]

Insbesondere Theodor Lohse, Benjamin Krause und Ernst Toeppe suchten die Anklage, der Arbeiterverein sei ein politischer Verein gewesen, in ihren Verteidigungsreden zu entkräften. Lohse führte unter anderem an, der Arbeiterverein habe auch „Mitglieder des *Preußen- und Deutschen Vereins* in dem Streben nach sittlicher Vervollkommnung vereinigt; geradezu *unsittlich* und deshalb diesem Streben entgegengesetzt wäre eine solche Vereinigung dann gewesen, wenn es sich um Politik gehandelt hätte. Es sei Verein gewiß kein politischer, der sich selbst in dem bewegten Jahre 1848 an *keinerlei* politischen Agitationen, Petitionen [...] betheiligt habe. Uebrigens habe man die Statuten dem hiesigen Magistrate als Local-Polizei-Behörde eingereicht, ebenso demselben die Mitgliedschaft der Frauen angezeigt, wenn also Strafbares wirklich darin enthalten wäre, so hätte die Behörde die sittliche Verpflichtung gehabt, den Verein darüber zu belehren [...]"[216].

Das Königl. Preuß. Kreisgericht zu Halle fällte am 17. Juli 1851 durch die Richter von Koenen, von Landwüst und Stecher[217] wegen Verstoßes gegen §§ 8 und 8b auf der Grundlage von § 16 der preußischen Verordnung vom 11. März 1850 wider den Verein und die zehn Angeklagten folgendes Urteil:

I. den Arbeiterverein zu schließen;

II. die Vorstandsmitglieder des Vereins wurden des Missbrauchs des Versammlungs- und Vereinigungsrechts für schuldig befunden und der ehemalige Lehrer Lohse mit 15 Rthlr. Geldbuße oder drei Wochen Gefängnis bestraft. Buchbindermeister Krause, Arbeitsmann Voigt (Goebel) und die Handarbeiter Eckart und Scheibner (Gille) erhielten eine Geldstrafe von je 10 Rthlr. oder vierzehn Tage Gefängnis. Viktualienhändler Kritzinger, Seilermeister Laue und Gastwirt Voigt verurteilte das Gericht zu je fünf Rthlr. Strafe.

III. Musiker Kuhnt wurde des Missbrauchs des Versammlungsrechts nicht für schuldig befunden.

IV. Die Kosten des Verfahrens mussten die Angeklagten, mit Ausnahme Kuhnts, tragen.[218]

Ein ausführlicher Bericht über den Verlauf des Prozesses wurde am 19. Juli 1851, zwei Tage danach, im Courier veröffentlicht.[219]

Gastwirt Voigt legte gegen das Urteil Berufung ein Das Appellationsgericht in Naumburg erklärte am 18. Oktober 1851 in einer öffentlichen Sitzung die Angeklagten in allen Punkten für schuldig. Die Kosten des Berufungsverfahrens musste Louis Reinhold Voigt tragen.[220]

Doch damit war der Fall nicht abgeschlossen. Ehemalige Vorstands- und Vereinsmitglieder wurden noch über Jahre weiter beobachtet. Am 9. Dezember 1853 berichtete der hallesche Polizeidirektor von Bosse auf Anfrage des preußischen Innenministeriums in Berlin und des Ministeriums des Innern in Merseburg „über den ehemals hier bestehenden Verein der deutschen Arbeiter-Verbrüderung [...], daß die angestellten Recherchen ergeben haben, daß von dem Krause (dem ehem. Vors.) Reise-Unterstützungen an Gesellen des ehemaligen deutschen Arbeiter Verbrüderungsvereins nicht mehr gezahlt werden, überhaupt hält sich Krause von allen Vereinen fern, auch

90

ist kein anderer, derartiger Verein, unter irgendwelchen Namen, wieder hier aufgetaucht"[221]. Am Beispiel des halleschen Arbeiterverein zeigte sich nachträglich mit aller Deutlichkeit, dass die Neufassung des preußischen Vereinsrechts von 1850 nicht in erster Linie dazu diente, möglichst viele Strafurteile auszusprechen, sondern organisatorische Zusammenschlüsse und Lohnkämpfe der Arbeiter zu verhindern. Dieses Ziel wurde in Preußen in den 1850er Jahren voll erreicht.[222]

Was aber war mit Traxdorf, warum tauchte sein Name nicht mehr auf? Johann Jacob Rockstroh, genannt Traxdorf, erlebte das Verbot des Arbeitervereins nicht. Er verstarb am 10. August 1850 im Alter von 29 Jahren an der im Frühjahr erneut ausgebrochenen Cholera.[223]

---

[209] Ebenda, Bl. 316. - Der Lehrer Wilhelm Theodor Lohse hatte mittlerweile ein Theologiestudium begonnen. Dies ist aus den Personalien der zehn Angeklagten ersichtlich (Bl. 322, 323, 324 und 325).
[210] Der Courier, Nr. 330 vom 19. Juli 1851, S. 3.
[211] LA Merseburg, Rep. C 48, Regierung Merseburg, Ie Nr. 158 I, Bl. 317.
[212] Der Courier, Nr. 330 vorn 19. Juli 1851, S. 4.
[213] LA Merseburg, Rep. C 48, Regierung Merseburg, Ie Nr. 158 I, Bl. 317 und 318.
[214] Ebenda, Bl. 319.
[215] Vgl. ebenda, Bl. 319, 320 und 321. - Vgl. auch Verordnung über die Verhütung eines die gesetzliche Freiheit und Ordnung gefährdenden Mißbrauchs des Versammlungs- und Vereinigungsrechts vom 11. März 1850, § 8a und b; Wermuth/Stieber: Die Communisten-Verschwörungen I, S. 160-161.
[216] Der Courier, Nr. 330 vom 19. Juli 1851, S. 4. Hervorhebungen im Original.
[217] Vgl. ebenda.
[218] Vgl. LA Merseburg, Rep. C 48, Regierung Merseburg, Ie Nr. 158 I, Bl. 330.
[219] Vgl. Der Courier, Nr. 330 vom 19.Juli 1851, S. 3-4.
[220] Vgl. LA Merseburg, Rep. C 48, Regierung Merseburg, Ie Nr. 158 I, Bl. 331 und 332.

[221] Ebenda, Bl. 394; vgl. auch ebenda, Bl. 387 und 397.

[222] Vgl. Balser, F.: Sozial-Demokratie von 1848/49-1863, S. 36.

[223] Vgl. StAH, Begräbnisregister pro 1850 u. II. Semester 1849, Eintragung unter Nr. 722. - Vgl. auch HPW, 2. Beilage zu Nr. 32 vom 15. August 1850, S. 1068.

13. Epilog

Die Arbeiter-Liedertafel bestand auf eine unbestimmte Zeit weiter. Lebendig blieb unter der halleschen Arbeiterschaft die Hoffnung auf ein menschenwürdiges Leben und der Wille, dafür zu kämpfen.

Zwei Maurergesellen, Heinrich Kutscher und August Seifert, ehemalige Lanciers und Mitglieder des Arbeitervereins, die zu den am 19. November 1848 aus Halle Geflohenen gehörten, nahmen 1849 am Dresdener Maiaufstand teil. Beide wurden deshalb zu Festungshaft verurteilt. Nach deren Verbüßung kehrten sie in ihre Heimatstadt zurück. Heinrich Kutscher und August Seifert waren am 19. April 1865 im Gasthof „Kühler Brunnen" an der Gründung der Ortsgruppe Halle des Allgemeinen Deutschen Arbeitervereins (ADAV) beeiligt.[224]

Am Beispiel des halleschen Arbeitervereins zeigte sich mit aller Deutlichkeit, dass die Neufassung des preußischen Vereinsrechts von 1850 nicht in erster Linie dazu diente, möglichst viele Strafurteile auszusprechen, sondern organisatorische Zusammenschlüsse und Lohnkämpfe der Arbeiter zu verhindern. Dieses Ziel wurde in Preußen in den 50er Jahren des 19. Jahrhunderts voll erreicht.[225]

Besonders verheerend jedoch wirkte sich die preußische Verordnung vom 11. März 1850 auf die bürgerliche und mehr noch auf die proletarische Frauenbewegung aus. Die Verordnung, die bis 1908 in Kraft blieb, behinderte die Entwicklung der Frauenbewegung maßgeblich. Sie unterband mehrere Jahrzehnte lang, dass Frauen politische Vereine gründen und wirksam für ihre politischen und sozialen Rechte streiten konnten. Auch „vergaß" in den nächsten zwanzig Jahren so mancher Arbeiter-Patriarch wieder, dass die Forderung nach Menschenrechten „für alle" seine Klassenschwestern einschloss. Im Jahre 1869 forderte das Programm der Sozialdemokratischen Arbeiterpartei [Eisenacher Programm - d. A.] das Wahlrecht nur für „alle Männer"[226]. An anderer Stelle forderte das Eisenacher Programm die Einschränkung der Frauenarbeit[227]. Damit definierte die soeben gegründete Arbeiterpartei Frauen erneut als Arbeitsplatzkonkurrentinnen für Männer.

Proletarierinnen ließen sich, trotz aller Hindernisse und Behinderungen in der Arbeiterbewegung selbst, nicht entmutigen, für ihre spezifischen Rechte als weibliche Arbeitende einzutreten. Jedoch verselbständigte sich die Arbeiterinnenbewegung nicht, sondern blieb stets Bestandteil der proletarischen Bewegung. Den ersten proletarischen Frauenverein Halles gründeten Sozialdemokratinnen erst nach dem Fall des Sozialistengesetzes, am 16. Juni 1890, im Sanowschen Lokal im Steinweg. Seine Initiatorin war die Sozialdemokratin Hoffmann, die erste Vorsitzende Genossin Grothe.[228]

---

[224] Vgl. Piechocki, W.: Der hallesche Arbeiterverein, S. 25; vgl. auch Grüner, E.: Die hallesche Arbeiterbewegung von ihren Anfängen bis zum Jahre 1914. - Halle, o. J., S. 1; Autorenkollektiv: Halle. Geschichte der Stadt in Wort und Bild. - Berlin, 1979, S. 60.
[225] Vgl. Balser, F.: Sozial-Demokratie von 1848/49-1863, S. 36
[226] Vgl. Programm der Sozialdemokratischen Arbeiterpartei beschlossen auf dem Gründungskongress in Eisenach, 7. bis 9. August 1869. In: Dokumente zur Geschichte der SED. Band 1. - Berlin, 1983, S. 56 (im Folgenden Eisenacher Programm); vgl. auch Schröder, H.: Menschenrechte für weibliche

Menschen: 1791 Olympe de Gouges - 1848 Louise Otto. In: Frauen in der bürgerlichen Revolution von 1848/49. Hrsg. von J. Ludwig, I. Nagelschmidt und S. Schötz. - Leipzig, o. J., S. 34.
[227] Vgl. auch Eisenacher Programm, S. 56.
[228] Vgl. Durch Kampf zum Sieg! Jubiläumsschrift der Sozialdemokratischen Partei in Halle und dem Saalkreis. - Halle, o. J., S. 161. - Die Vornamen der beiden Sozialdemokratinnen konnte die Autorin bisher nicht ermitteln.

Statuten für den Arbeiter-Verein in Halle (Abschrift)

Da es sich in allen Kreisen der Gesellschaft als ein für unsere Zeit nothwendiges Bedürfniß gezeigt hat durch einen festern Zusammenschluß der einzelnen Korporationen und durch festeres Zusammenwirken dem vorgesteckten Ziele in gesetzmäßiger Ordnung und Fortschritt näher zu kommen, und Uebereinstimmung und Sicherheit bei gemeinsamen Handeln hervor zu bringen so wie eine Kenntniß der Forderungen und Bedürfnisse der Zeit möglich zu machen, so treten auch die hiesigen Arbeiter auf den verschiedenen Plätzen, in den Fabriken überhaupt alle, (überhaupt alle) welche kein bestimmtes Handwerk gelernt haben oder ein solches nicht betreiben und hier unter dem „Handwerker" bekannt sind, vorzugsweise zu einem Verein zusammen, welcher sich den Namen

„Arbeiter-Verein"

giebt; für denselben wurden nachfolgende Statuten aufgestellt, welche in Jahresfrist von den Mitgliedern einer Prüfung unterworfen werden und welche etwaige nothwendige Bestimmungen zu ihrer Vervollständigung aufnehmen soll.

§ 1

Soviel als möglich bleiben alle politischen und religiösen Fragen den Verhandlungen des Vereins ausgeschlossen und beschränken dieselben sich nur auf die innere Organisation der Arbeiter und auf solche Zwecke, welche dem Arbeiterstande aus eigener Kraft durch gegenseitige Unterstützung ohne dabei die Hülfe der Communal- und Staatsbehörden in Anspruch zu nehmen, nützlich werden können.

$$\S\,2$$

Der Verein bekennt sich zu den Beschlüssen des Berliner Arbeiter-Congresses vom 23ten August bis 3ten September 1848 und in Folge dessen die Beschlüsse des Central-Commités in Leipzig, soweit solche die Arbeiterfragen betreffen für sich als bindend an.

$$\S\,3$$

Der Zweck des Vereins ist vorzugsweise

a., die Wahrnehmung der Interessen des Arbeiterstandes im Allgemeinen,

b., die Wahrnehmung der Interessen der Arbeiter unserer Stadt, sowie jedes einzelnen Mitgliedes, auf Antrag desselben nach vorgenommener Prüfung und Uebereinstimmung,

c., Besprechung und gegenseitige Verständigung der von Communal und Stadt-Behörden vorgeschriebenen Gesetze und Verordnungen die Arbeiter betreffend und Ueberwachung der richtigen Ausführung derselben.

$$\S\,4$$

Die Mitglieder wählen aus ihrer Mitte einen Vorstand, welcher aus

a., einem Vorsitzenden,

b., zwei Beisitzenden oder Stellvertretern,

c., einem Protokollführer,

d., einem stellvertretenden Protokollführer,

e., einem Rendanten besteht.

$$\S\,5$$

Die Berathungen des Vereins sind öffentlich und nur bei Personalien versammelt sich der Vorstand und die von demselben als nothwendig zugezogenen Vereinsmitglieder zu einer geheimen Sitzung.

§ 6

Die Versammlungen des Vereins finden regelmäßig wöchentlich einmal Statt, doch kann bei dringenden Fällen der Vorsitzende außerordentliche Versammlungen berufen, hat sich aber des wegen bei den Vereinsmitgliedern zu rechtfertigen. Die Zeit der gewöhnlichen Zusammenkünfte bestimmen die Mitglieder und wird für Sonntag Nachmittag im Locale des Herrn Voigt kleine Ulrichsstaße festgelegt.

§ 7

Der Vorsitzende oder in dessen Abwesenheit der erste Beisitzende oder in des Vorsitzenden Auftrage, oder wenn der Vorsitzende betheiligt ist, hat das Recht und die Pflicht Alles zu thun, was die Ordnung in den Geschäften und Verhandlungen des Vereins erfordert.

a., Er erläßt die Einladungen zu den ordentlichen und außerordentlichen Versammlungen;

b., Er leitet die Verhandlungen in der Art, als es dem Zwecke des Vereins entsprechend ist und sorgt für die richtige Abfassung des Beschlusses nach Stimmenmehrheit;

c., Anträge von Mitgliedern hat er anzunehmen und zur Berathung und Beschlußnahme zu bringen;

d., ihm steht das Recht zu, zur Ordnung zu verweisen und das Wort zu entziehen.

e., Er haftet für die partheilose Entscheidung aller zur Berathung vorkommenden Sachen, und hat das Recht die Entscheidung auszusetzen wenn zur Aufklärung ihm etwas nöthig zu sein scheint.

f., Ohne den Vorsitzenden oder ersten Stellvertreter ist der Verein nicht beschlußfähig.

g., Bei dringenden Sachen kann der Vorsitzende den Vorstand versammeln, Berathung veranlassen, auch Beschluß fassen lassen, doch ist derselbe dann gehalten, den Beschluß in nächster Sitzung zur Kenntniß zu bringen.

§ 8

Der Protokollführer, oder in dessen Abwesenheit, in dessen oder des Vorsitzenden Auftrage, oder wenn der Protokollführer betheiligt ist, der Stellvertreter desselben,

> führt die Protokolle über die Verhandlungen, verlieset dieselben, besorgt die nöthigen Anfertigungen und sorgt für Vollziehung der Sachen durch Unterschrift des Vorstandes und einiger Mitglieder.

§ 9

Der Rechnungsführer vereinnahmt die gewöhnlichen monatlichen Beiträge und besorgt die Zahlung der vom Verein genehmigten vom Vorsitzenden angewiesenen Ausgaben. Am Schlusse jedes Vierteljahres werden vom Verein fünf Mitglieder zur Prüfung der Rechnungen gewählt.

§ 10

Zur Deckung eines Deficits in der Kasse verpflichten sich die Mitglieder zu freiwilligen Zahlungen, ebenso werden die Kosten eines Abgeordneten zur Vertretung des Vereins in auswärtigen Versammlungen aufgebracht.

§ 11

Zur Beschlußfassung sind die zu den gewöhnlichen Versammlungstagen anwesenden Mitglieder fähig.

§ 12

Wer wiederholt durch ungebührliches Benehmen Ordnung und Ruhe gestört und den Zuruf des Vorsitzenden zur Ordnung nicht beachtet hat, kann auf bestimmte Zeit oder für immer aus dem Verein ausgeschlossen werden, wenn $^2/_3$ der Anwesenden in diesem Beschlusse übereinstimmen.

§ 13

Ebenso wird es jedem Mitgliede zur Pflicht gemacht, sich auch ausserhalb des Vereins durch ein ehrenhaftes Betragen durch Sittlichkeit und Ordnungsliebe dem Zwecke des Vereins nachzukommen. Wer wiederholt durch entgegengesetztes Benehmen über sich Klagen einlaufen läßt, kann auf Beschluß der Majorität des Vereins in die im vorigen § erwähnten Strafen verfallen.

§ 14

Die gewöhnlichen monatlichen Beiträge betragen 1 Sgr. welches Geld die Organisationskasse bildet, und diese Beiträge berechthigen jedes Mitglied zu den, in den Beschlüssen des Berliner Arbeiter Congresses ausgesprochenen Vergünstigungen.

§ 15

Mit den freiwilligen Beiträgen werden die Kosten des Vereins für Drucksachen, Miethe p.p. bestritten.

§ 16

Es wird eine Kranken- und Sterbekasse gebildet und zwar in der Art, daß die Mitglieder sich verpflichten bei vorkommenden Sterbefällen 1 Sgr. zu zahlen, ohne dadurch der Wohlthätigkeit Schranken zu setzen.

§ 17

Soweit als möglich sorgt der Verein für Arbeit für die Mitglieder, die zu dem Zwecke anzuwendenden Mittel werden vom Verein beschlossen.

§ 18

Wo unvorherzusehende Unglücksfälle eine augenblickliche Unterstützung und Hülfe erheischen wird die Organisations- oder große Kasse in Anspruch genommen, wenn in der kleinen sich Nichts oder nur wenig befinden sollte.

Halle, den 3ten Juni 1849.

der zeitige Vorstand
gez. Moock, Leuschner, Thomas,
Gille, Göbel.

Mitglieder Arbeiterverein 1848/50

Name	Gewerke
Traxdorf	Handarbeiter
Moog	Handarbeiter
Grebel	Handarbeiter
Bloßfeld	Handarbeiter
Bertram	Handarbeiter
Holburg	Handarbeiter
Erhardt	Handarbeiter
Kutscher	Maurer
Kritzinger	Tuchmacher
Henze	Handarbeiter
Rehfeld	Handarbeiter
Ecke	Handarbeiter
Thielemann	Handarbeiter
Berger	Handarbeiter
Thomas	Handarbeiter
Schlegel	Handarbeiter
Müller	Lehrer
Jänicke, Christian	Ziegeldecker
Schimpf	Tischler
Hense, Carl	Handarbeiter
Wessling	Handarbeiter
Kupfer	Handarbeiter
Meier, Christian	Handarbeiter
Fischer	Fabrikarbeiter
Lohse	Lehrer
Augustin	Handarbeiter
Simon	Handarbeiter

Name	**Gewerke**
Gille	Tischler
Ludwig	Buchdrucker
Rieling	Handarbeiter
Breutigam	Handarbeiter
Rohmland	Handarbeiter
Henze	Instrumententräger
Föllner	Handarbeiter
Franke	Handarbeiter
Haamann	Handarbeiter
Heinicke	Handarbeiter
Brandt	Handarbeiter
Küssner	Handarbeiter
Elzholz	Kutscher
Mänicke	Handarbeiter
Schulze	Schuhmacher
Kuhnert	Musikus
Sepastian	Aufläder
Wetzestein	Handarbeiter
Steuer	Handarbeiter
Domann	Handarbeiter
Herzog	Schneidermeister
Voigt	Gastwirth
Frau Voigt	dessen Frau
Losse	Taubenhändler
Frau Losse	dessen Frau
Witwe Herzog	Arbeiterin
Altenbrandt	Makler
Witwe Koch	Arbeiterin
Witwe Werner	Arbeiterin

Name	Gewerke
Witwe Halle	Arbeiterin
Frau Schmerwitz	Arbeiterin
Fischer, Eduard	(kein Eintrag)
Witwe Kaufmann	Arbeiterin
Witwe Schreck	Arbeiterin
Frau Teichmann	Arbeiterin
Köhler, Friederike	Arbeiterin
Witwe Jung	Arbeiterin
Hoffmann, Heinrich	(kein Eintrag)
Frau Hoffmann	dessen Frau
Witwe Händel	Höckerin
Witwe Ringbaur	(kein Eintrag)
Zeidler	Tehrmacher
Koch, Gottlieb	Handarbeiter
Lösch	Korbmacher
Witwe Kalze	(kein Eintrag)
Witwe Brandenburg	(kein Eintrag)
Koch	Musikus
Witwe Schulze	(kein Eintrag)
Frau Weber	(kein Eintrag)
Gottschalk	Handarbeiter
Frau Gottschalk	dessen Frau
Witwe Krümen	(kein Eintrag)
Gottschalk II	Zimmermann
Doberitz	Handarbeiter
Höpfner	Schneider
Witwe Engling	Arbeiterin
Seifert	?
Frau Seifert	? dessen Frau

Name	**Gewerke**
Bleichroth	(kein Eintrag)
Frau Bleichroth	dessen Frau
Witwe Schrader	(kein Eintrag)
Nohm	(kein Eintrag)
Witwe Krebs	(kein Eintrag)
Kunze	Ziegeldecker
Witwe Gärtner	Höckerin
Witwe Falk	(kein Eintrag)
Witwe Schröder	(kein Eintrag)
Witwe Breiting	(kein Eintrag)
Witwe Heyn	(kein Eintrag)
Beyr	Schneider
Frau Beyr	dessen Frau
Habekus	Fabrikarbeiter
Leuschner	Handarbeiter
Treteropp I	Handarbeiter
Treteropp II	Handarbeiter
Wittenbecher	Handarbeiter
Nilius	Handarbeiter
Kloppe	Handarbeiter
Falk	Handarbeiter
Koch, Friedrich	Handarbeiter
Deberathe	Handarbeiter
Fischer	Handarbeiter
Bär	Handarbeiter
Meyr	Schneider
Frau Mayr	dessen Frau
Schaaf, Christian	Handarbeiter
Frau Süsse	(kein Eintrag)

Name	Gewerke
Schütz, Heinrich	Handarbeiter
Witwe Bötsch	(kein Eintrag)
Hechtfischer	Nagelschmidt
Frau Fehlhauer	(kein Eintrag)
Wiegandt	Handarbeiter
Jöseke	Handarbeiter
Günther	Feldmesser
Menthe	Ziegeldecker
Müller	Handarbeiter
Frau Müller	dessen Frau
Kuppe	Tuchmacher
Günther	Tuchmacher
Schubert	Fabrikarbeiter
Trautmann	Handarbeiter
Witwe Drealsky	(kein Eintrag)
Eckert	Handarbeiter
Schubert	?
Frau Haber, F. L.	Witwe
Schumann, Christian	Handarbeiter
Frau Schumann	dessen Frau
Witwe Haendel, Marie	(kein Eintrag)
Herzog	Handarbeiter
Kneisel	Ziegeldecker
Witwe Klaus	Handarbeiterin
Müller, W.	(kein Eintrag)
Viehweg	Handarbeiter
Goetze	?
Frau Küster	(kein Eintrag)
Frau Fraundorf	(kein Eintrag)

Name	Gewerke
Name	**Gewerke**
Frau Ropisch	(kein Eintrag)
Mende	Ziegeldecker
Linde, Louis	Fellhändler
Linde, Marie	dessen Frau
Linde	Fellhändler
Frau Linde	dessen Frau
Witwe Kilzinger	(kein Eintrag)
Knittel, Gottfried	Schumacher
Adam, Karl	Eisenbahnarbeiter
Adam, Karoline	dessen Frau
Pekelmann, Gottlieb	Zimmermann
Thiele, Andreas	Handarbeiter
Helm, Friedrich	Hutmacher
Fuchs, Karl	Handarbeiter
Rückert, Rosine	(kein Eintrag)
Huxoll, Friedrich	Lohgerber
Huxoll, Friederike	dessen Frau
Koch, Friedrich	Bäckermeister
Werg, Marie	Witwe
Linde, Heinrich	Fellhändler
Linde, Auguste	dessen Frau
Günther, Carl	Handarbeiter
Püchel, Friedrich	Handarbeiter
Saalmann, Gottlieb	Handarbeiter
Eckert, Wilhelm	Handarbeiter
Stoppe, Wilhelm	(kein Eintrag)
Wischt, Franz	Tuchmacher
Keil, Ernst	Hutmacher
Fischer, Wilhelm	Handarbeiter

Name	**Gewerke**
Seifert, August	Maurer
Rätger, Conrad	Handarbeiter
Zimmermann, Gustav	Handarbeiter
Zimmermann, Friedrich	Schlossermeister
Laue, Ferdinand	Seilermeister
Krause	Buchbinder
Töppe	Maurer
Lüdicke	Maurer
Trimpler	Zimmermann
Wagner	Maurer
Krause	Schuhmacher
Haucks	Handarbeiter
Frau Rieling	Handarbeiterin
Michaelis	Handarbeiter
Fischer	Handarbeiter
Fischer	Handarbeiter
Jäger	Schuhmacher
Raschke	Schneider
Keller	Böttchermeister
Voigt	Zimmermann
Reiche	Tischler
Hintsch	Handarbeiter
Hauer	Schneider
Frau Helm	(kein Eintrag)
Frau Thiele	(kein Eintrag)
Krebs	Ziegeldecker
Frau Thomas	(kein Eintrag)
Beyer	(kein Eintrag)
Naefe	Schneider

Name	Gewerke
Eulenberg	Steinbrecher
Lehmann	Handarbeiter
Schwartz	Maschinenmeister
Nilius	Handarbeiter
Frau Nilius	dessen Frau
Ulrich	Schneider
Harneu	Schneider
Wetzel	Schneidermeister
Döbel	Fabrikarbeiter
Dietz	Handarbeiter
Zabel, Gottfried	Händler
Frau Zabel	dessen Frau
Zabel, Heinrich	Händler
Frau Zabel	dessen Frau
Sprengel	Kammacher
Rückert	Fabrikarbeiter
Deybalth	Maurer
Thielemann	Maurer
Barth	Handarbeiter
Frau Kneisel	(kein Eintrag)
Haedicke	Maurer
Frau Haedicke	dessen Frau
Grundmann	Gastwirth
Köhler	Schlosser
Landmann	(kein Eintrag)
Hambusch	Tapezierer
Schlegel, Johann	Handarbeiter
Seiffert, Adolph	Schmidt
Holzhäuser	Nagelschmidt

Name	Gewerke
Rössler, W.	Schneider
Schaff, O.	Maurer
Taatz	Zimmermann
Ermisch	Handarbeiter
Forberg	Zimmermann (?)

Zusammensetzung des Vorstands des Arbeitervereins Halle (1848-1850)

16. Oktober 1848 bis Mai 1849

Vorsitzender: Johann Jacob Rockstroh, genannt Traxdorf
Handarbeiter
Weidenplan Nr. 1398
vertrat den Verein auf dem sächsischen
Arbeiterkongress Ende Dezember 1849 und auf
der Generalversammlung deutscher Arbeiter vom
20. bis 26. Februar 1850 in Leipzig
gest. am 10. August 1850 an Cholera, 29 Jahre alt
1. Beisitzer: Friedrich Moog (Moock)
Handarbeiter
Kleine Ulrichstr. Nr. 1002
2. Beisitzer: Gottlieb Henze
Handarbeiter
Postgasse Nr. 245b

Mai 1849 bis ca. Oktober 1849 (nach Inhaftierung Johann Traxdorfs)

Vorsitzender: Friedrich Moog (Moock)
1. Beisitzer: Leuschner
Handarbeiter
An der Kuttelpforte Nr. 849
2. Besitzer: Andreas Thomas
Handarbeiter
An der Glauchaischen Kirche Nr. 2010

3. Besitzer:	Johann Theodor Scheibner, genannt Gille
	Handarbeiter
	Barfüßerstr. Nr. 90
4. Beisitzer:	Voigt, Friedrich, genannt Göbel (Goebel)
	Arbeiter
	Kuttelhof Nr. 2149

In einem Bericht vom 19. November 1849 an die „Verbrüderung" (erschienen in Nr. 119 vom 20. Nov. 1849) als Vorstand benannt:

Johann Traxdorf

Wilhelm Theodor Lohse

Kuhndt

Friedrich Voigt (Gille)

Louis Reinhold Voigt

Ende 1849 bis Anfang 1850

Vorsitzender:	Wilhelm Theodor Lohse
	zu diesem Ztpkt. Lehrer, ab
	Herbstsemester 1850 Student der
	Theologie
	Alter Markt Nr. 543
Beisitzer:	Otto Bernhard Müller
	Lehrer, Schule zu Glaucha und Realschule
	des Waisenhauses
	Mittelwache Nr. 1765
1. Protokollführer:	Johann Traxdorf
2. Protokollführer:	Leuschner

Kassierer:	Louis Reinhold Voigt
	Gastwirt
	Kleine Ulrichstr. Nr. 977
Kassenaufseher:	Ernst Föllner
	Handarbeiter
	Schloßgasse Nr. 1062

Am 31. August 1850 in einem Polizeibericht an das Innenministerium in Merseburg benannt:

Vorsitzender:	Edmund Friedrich Benjamin Krause
	Buchbindermeister und Leihbibliothekar
	Rathausstr. Nr. 254
Beisitzer:	Ernst Matthias Toeppe (Töppe)
	Maurergeselle
	Unterberg Nr. 1372
Schriftführer:	Voigt, Friedrich, genannt Goebel (Göbel)
Rendant:	Ernst Ferdinand Laue
	Seilermeister
	Große Steinstr. 1504
Kassenaufseher:	Johann Daniel Eckart.
	Handarbeiter
	Mauergasse Nr. 1738
Bote:	Herzog
	Schneider

Nach der Schließung des Vereins am 2. Oktober 1850 wurden gerichtlich belangt:

- Wilhelm Theodor Lohse
  Vorsitzender des Vereins vom 17. März bis Ende Juni 1850
  Mitglied des Arbeitervereins seit Ende 1848
- Edmund Friedrich Benjamin Krause
  vom 17. März bis 29. Juni 1850 Erster Protokollführer
  vom 24. August bis 2. Oktober 1850 Vorsitzender
  Mitglied der freien vereinigten christlichen Gemeinde
- Friedrich Voigt, genannt Goebel
  vom 17. März bis 2. Oktober 1850 Zweiter Protokollführer
  Mitglied des Arbeitervereins seit Anfang 1849
- Johann Daniel Eckart
  Handarbeiter
  Mauergasse Nr. 1738
  vom 17. März bis 2. Oktober 1850 Kassenaufseher
  Mitglied des Arbeitervereins seit März 1850
- Johann Theodor Scheibner, genannt Gille
  vom 17. März bis 2. Oktober 1850 Zweiter Kassenaufseher
  Mitglied des Arbeitervereins seit 1849
- Ernst Matthias Toeppe (Töppe)
  Maurer
  Unterberg Nr. 1372
  seit 29. Juni 1850 stellv. Vorsitzender des Vereins
  Mitglied des Arbeitervereins seit April 1850

-   Johann Franz Kritzinger
    Victualienhändler, vorher Tuchmacher
    Zapfenstr. Nr. 665
    vom 17. März bis 29. Juni 1850 Vereinsbote
    vom 29. Juni bis 2. Oktober 1850 Zweiter Protokollführer
    Mitglied des Arbeitervereins seit Anfang November 1848
-   Ernst Ferdinand Laue
    Seilermeister
    Große Steinstr. 1504
    vom 27. April bis 2, Oktober 1850 Kassenrendant
    Mitglied des Arbeitervereins seit April 1850
-   Johann Christoph Andreas Kuhnt
    Musiker
    Am Steg Nr. 1756
    von Sommer bis 2. Oktober 1850 Schriftführer
    Mitglied des Arbeitervereins seit Herbst 1849
-   Louis Reinhold Voigt
    vom 17. März bis 29. Juni 1850 Kassenrendant
    Mitglied des Arbeitervereins seit 16. Oktober 1848.

Den genannten zehn Männern wurde am 17. Juli 1851 wegen Missbrauchs des Versammlungs- und Vereinigungsrechts der Prozess gemacht. Das Stadt- und Landgericht Halle verurteilte sie - mit Ausnahme Kuhnts - wegen Verstoßes gegen §§ 8, 8a und 8b auf der Grundlage von § 16 des Preußischen Vereinsgesetzes vom 11. März 1850 zu Geldstrafen zwischen 15 und fünf (5) Talern.

Auswahlbibliographie

1. Archivalien
1.1. Landesarchiv Merseburg

LA Merseburg, Rep. C 48, Regierung Merseburg, Ie Nr. 158 I

LA Merseburg, Rep. C 48, Regierung Merseburg, Ie Nr. 906 I

1.2. Stadtarchiv Halle

StAH, Historische Handschriftenabteilung, B. 24, Mitgliederbuch des Arbeitervereins von 1848.

StAH, Historische Handschriftenabteilung, B. 8, Kirchenbuch der deutsch-katholischen und der vereinigten freien Gemeinde

StAH, Historische Aktenabteilung, Kapitel III, Abteilung Ga, Nr. 20

StAH, Historische Aktenabteilung, Kapitel X, Abteilung C, Nr. 38

StAH, Historische Aktenabteilung, Kapitel XII, Abteilung H, Nr. 7

StAH, Begräbnisregister pro 1850 u. II. Semester 1849

2. Periodika

Beiträge zur Geschichte der Arbeiterbewegung (BzG).

Bürgerblatt. Monatsschrift zur Förderung des Gemeindelebens, zur Belehrung und Unterhaltung für Halle und Umgebung. Hrsg. von J. Hasemann und Fr. Körner. Jahrgang 1848-1849.

Der Courier. Hallesche Zeitung für Stadt und Land. Hrsg. von C. G. Schwetschke. Jahrgang 1847-1851.

Die Frauenzeitung. Hrsg. von Louise Otto (Reprint, hrsg. von Ute Gerhard, Elisabeth Hannover-Drück und Romina Schmitter. - Frankfurt am Main, 1980).

Die Reform. Eine Monatsschrift für die neue Zeit. Hrsg. von G. A. Wislicenus in Halle. Jahrgang 1848-1850.

Die Verbrüderung, Correspondenzblatt aller deutschen Arbeiter. Hrsg. vom Centralkomité für die deutschen Arbeiter. 1. bis 3. Jahrgang 1848-1850 (Reprint mit einer Einleitung von Rolf Weber, Leipzig, 1975).

Freie allgemeine Kirchenzeitung. Organ für die demokratische Entwicklung des religiös-kirchlichen Lebens in Deutschland. Hrsg. von Dr. Ludwig Noack in Oppenheim am Rhein. Jahrgang 1848-1849.

Hallesche Demokratische Zeitung. Organ der Demokratischen Partei. Hrsg. von Rawald, Ehrlicher, Kaulfuß und Pösche. Jahrgang 1848-1849.

Hallisches patriotisches Wochenblatt zur Beförderung nützlicher Kenntnisse und wohlthätiger Zwecke. Jahrgang 1845-1851.

Mitteldeutsches Land. Heimatkundliche Zeitschrift der Bezirke Halle und Magdeburg. 1. Jahrgang, 1957.

Sonntags-Blatt. Hrsg. von Uhlich in Magdeburg. Jahrgang 1849/50-1851.

Wissenschaftliche Zeitschrift der Martin-Luther-Universität Halle. Gesellschafts- und Sprachwissenschaftliche Reihe, XIV. Jahrgang, 1967.

3. Literatur

Archivalische Forschungen zur Geschichte der deutschen Arbeiterbewegung. Band 1. - Halle, 1954.

Balser, Frolinde: Sozial-Demokratie 1848/49-1863. Die erste deutsche Arbeiterorganisation „Allgemeine Deutsche Arbeiterverbrüderung" nach der Revolution. - Stuttgart, 1962.

Bebel, August: Die Frau und der Sozialismus. - Berlin, 1973.

Benfey, Rudolph: Der Sozialismus und seine Zukunft. In: Die Reform, Januar-Heft 1848, S. 29-38, Februar-Heft 1848, S. 46-56 und März-Heft 1848, S. 94-105.

Benninghaus, Christina: „Hier haben sich aber viele Leute, meist Weiben, angesammelt..." Frauen in Hungerunruhen in der Provinz Sachsen und in den anhaltinischen Herzogtümern. In: Ludwig, Johanna / Nagelschmidt, Ilse / Schötz, Susanne: Frauen in der bürgerlichen Revolution von 1848/49. - Leipzig, o. J.

Blasius, Dirk: Eigentum und Strafe. Probleme der preußischen Kriminalitäts- und Strafrechtsentwicklung im Vormärz. In: Historische Zeitschrift, Band 220. - München, 1975, S. 79- 129.

Blos, Anna: Die Frauenfrage im Lichte des Sozialismus. - Dresden, 1930.

Bock, Helmut / Plöse, Renate (Hrsg.): Aufbruch in die Bürgerwelt. Lebensbilder aus Vormärz und Biedermeier. - Münster, 1994.

Bock, Helmut: Die häßliche Revolution. In: Neues Deutschland, 53(1998)141 vom 20./21. Juni 1998, S. 14.

Born, Stephan: Erinnerungen eines Achtundvierzigers. - Leipzig, 1898.

Braun, Lily: Die Frauenfrage. Ihre geschichtliche Entwicklung und wirtschaftliche Seite. - Leipzig, 1901.

Brederlow, Jörn: „Lichtfreunde" und „Freie Gemeinden". - München, 1976.

Canning, Kathleen: Geschlecht als Unordnungsprinzip: Überlegungen zur Historiographie der deutschen Arbeiterbewegung. In: Schissler, J.: Geschlechterverhältnisse im historischen Wandel. - Frankfurt/New York, 1993.

Die Berliner Arbeiterverbrüderung. In: Volkstaschenbuch für 1850. Hrsg. von W. Lüders. - Altona, 1850.

Durch Kampf zum Sieg! Jubiläumsschrift der Sozialdemokratischen Partei in Halle und dem Saalkreis. - Halle, o. J.

Gerhard, Ute: Unerhört. Die Geschichte der deutschen Frauenbewegung. - Reinbek bei Hamburg, 1990.

Gerhard, Ute: Verhältnisse und Verhinderungen. Frauenarbeit, Familie und Rechte der Frauen im 19. Jahrhundert. - Frankfurt am Main, 1978.

Grebing, Helga: Arbeiterbewegung. Sozialer Protest und kollektive Interessenvertretung bis 1914.- München, 1993.

Grossert, Willi: Die Entwicklung der Arbeiterklasse, ihrer Lage und ihres Kampfes in Anhalt bis 1871. - Phil. Diss., Halle, 1970.

Grüner, Ernst: Die hallesche Arbeiterbewegung von ihren Anfängen bis zum Jahre 1914. - Halle, o. J.

Hachtmann, Rüdiger: Vom Stand zur „Classe": Selbstverständnis und Sprachverhalten von Arbeitern und Gesellen, Unternehmern und Meistern in der Berliner Revolution. In: Jansen, Ch. /

Mergel, Th. (Hrsg.): Die Revolutionen von 1848/49. Erfahrung - Verarbeitung - Deutung. - Göttingen, 1998.

Hagen, Christian Heinrich vom: Die Stadt Halle, nach amtlichen Quellen historisch-topographisch-statistisch dargestellt. Erster Band. - Halle, 1867.

Haller, Johann Christian: Die Lebensgeschichte und die Erlebnisse eines alten Hallensers. - Halle, o. J.

Hasemann, Julius: Die Armuthsfrage. Ursachen und Heilmittel des Pauperismus unserer Zeit. Den Preußischen Ständen gewidmet. - Halle, 1847.

Hausen, Karin: Geschlechterhierarchie und Arbeitsteilung. Zur Geschichte ungleicher Erwerbschancen von Männern und Frauen. - Göttingen, 1993.

Herrmann, Joachim u. a.: Deutsche Geschichte in 10 Kapiteln. - Berlin/Ost, 1988.

Hertzberg, Gustav Friedrich: Geschichte der Stadt Halle an der Saale während des 18. und 19. Jahrhunderts (1717 bis 1892). - Halle, 1893.

Herzig, Arno: Unterschichtenprotest in Deutschland 1790-1870. - Göttingen, 1988.

Hildebrandt, Gunther: Das Recht auf Erwerb blieb vor der Kirchentür. Die Frankfurter Nationalversammlung 1848/49. In: Neues Deutschland: 53(1998)177 vom 1./2. August 1998, S. 13.

Jacobeit, Sigrid / Jacobeit, Wolfgang: Illustrierte Alltagsgeschichte des deutschen Volkes 1810-1900. - Leipzig/Jena/Berlin, 1987.

Kathe, Heinz: Preußen zwischen Mars und Musen. Eine Kulturgeschichte von 1100 bis 1920 - Berlin, 1993.

Kleinpaul, Karl: Das Proletariat. In: Die Reform, August-Heft 1848, S. 240-244.

Kleinpaul, Karl: Warum sind es vorzugsweise die niederen Stände, die sich an den Bestrebungen der freien Gemeinden betheiligen? In: Die Reform, Februar-Heft 1848, S. 62-69.

Kolbe, Günter: Demokratische Opposition in religiösem Gewande und antikirchliche Opposition im Königreich Sachsen. Zur Geschichte der deutschkatholischen freien Gemeinden sowie der freireligiösen Vereinigungen von den 40er Jahren des 19. Jahrhunderts bis um 1900 unter besonderer Berücksichtigung ihres Verhältnisses zur kleinbürgerlich-demokratischen Arbeiterbewegung. – Inauguraldiss., Leipzig, 1964.

Könnemann, Erwin u. a. (Hrsg.): Halle. Geschichte der Stadt in Wort und Bild. - Berlin, 1979.

Kuczynski, Jürgen: Bürgerliche und halbfeudale Literatur aus den Jahren 1840 bis 1847 zur Lage der Arbeiter. - Berlin, 1960.

Kuczynski, Jürgen: Studien zur Lage der Arbeiterin in Deutschland von 1700 bis zur Gegenwart - Berlin, 1963.

Losseff-Tillmanns, Gisela: Frau und Gewerkschaft. - Frankfurt am Main, 1982.

Mehring, Franz: Geschichte der Deutschen Sozialdemokratie. Erster Band. - Stuttgart, 1913.

Mühlberg, Dietrich (Hrsg.): Proletariat. Kultur und Lebensweise im 19. Jahrhundert - Leipzig, 1986.

Neuss, Erich: Entstehung und Entwicklung der Klasse der besitzlosen Lohnarbeiter in Halle. - Berlin, 1958.

Neuss, Erich: Zur Geschichte der demokratischen Linken in der revolutionären Bewegung des Jahres 1848. In: Bartmuß, Hans-Joachim u. a. (Hrsg.): Die Volksmassen - Gestalter der Geschichte. - Berlin, 1962.

Obermann, Karl: Die deutschen Arbeiter in der Revolution von 1848/49. - Berlin, 1953.

Obermann, Karl: Deutschland 1815-1849. Von der Gründung des Deutschen Reiches bis zur bürgerlich-demokratischen Revolution. - Berlin, 1983.

Obermann, Karl: Einheit und Freiheit. Die deutsche Geschichte von 1815 bis 1849 in zeitgenössischen Dokumenten. - Berlin, 1950.

Obermann, Karl: Flugblätter der Revolution. Eine Flugblattsammlung zur Geschichte der Revolution von 1848/49 in Deutschland. - Berlin, 1970.

Obermann, Karl: Zur Klassenstruktur und zur sozialen Lage der Bevölkerung in Preußen 1846 bis 1849. In: Jahrbuch für Wirtschaftsgeschichte, 1973, Teil II. - Berlin, 1973, S. 79-120.

Obermann, Karl: Zur Klassenstruktur und zur sozialen Lage der Bevölkerung in Preußen 1846 bis 1849. Die Einkommensverhältnisse in Gewerbe und Industrie. In: Jahrbuch für Wirtschaftsgeschichte, 1973, Teil III. - Berlin, 1973, S. 143-174.

Peters, Herbert: Die preußische Provinz Sachsen in der Revolution von 1848/49. - Diss. B., Halle, 1979.

Peters, Herbert: Revolutionäre Kämpfe der Landbevölkerung in der preußischen Provinz Sachsen 1848 und das Bauernkriegserbe. In: Beiträge zur Geschichte der Arbeiterbewegung in Halle und der Provinz Sachsen bis zur Jahrhundertwende. Hrsg. von Wilfried Mende. - Wissenschaftliche Beiträge der Martin-Luther-Universität Halle, 1989, S. 3-16.

Peters, Herbert: Zur Tätigkeit und Rolle der Zeitschrift „(Kirchliche) Reform" 1847/48 in Halle. In: Schmidt, Walter / Seeber, Gustav: Sozialismus und frühe Arbeiterbewegung. Studien zur Geschichte, Band 15. - Berlin, 1989, S. 288 ff.

Piechocki, Werner: Der hallesche Arbeiterverein von 1848. In: Mitteldeutsches Land. Heimatkundliche Zeitschrift der Bezirke Halle und Magdeburg, 1(1957)1, S. 20-25.

Piechocki, Werner: Die kommunalpolitische Wirksamkeit Arnold Ruges in Halle während der Jahre 1831 bis 1841. In: Wissenschaftliche Zeitschrift der Martin-Luther-Universität Halle-Wittenberg. Gesellschafts- und Sprachwissenschaftliche Reihe, XIV(1967)2/3, S. 173-196.

Piechocki, Werner: Halle an der Saale. Kleine Stadtgeschichte. - Halle, 1988.

Preußisch-deutsche Gesetz-Sammlung 1806-1899. Die Gesetzsammlung für den preußischen Staat, das Bundesgesetzblatt für den Norddeutschen Bund und das Reichsgesetzblatt, Erster Band, 1806-1859. - Düsseldorf, 1900.

Quarck, Max: Die erste deutsche Arbeiterbewegung. Geschichte der Arbeiterverbrüderung 1848/49. - Leipzig, 1924.

Rogger, Franziska: „Wir helfen uns selbst"! Die kollektive Selbsthilfe der Arbeiterverbrüderung 1848/49 und die individuelle Selbsthilfe Stephan Borns - Borns Leben, Entwicklung und seine Rezeption der zeitgenössischen Lehren. Erlanger Studien, Band 67. - Erlangen, 1986.

Rudolph, Karsten / Weuster, Iris: Bibliographie zur Geschichte der Demokratiebewegung in Mitteldeutschland (1789-1933). - Weimar/Köln/Wien, 1997.

Skoda, Rudolf: Wohnhäuser und Wohnverhältnisse der Stadtarmut (ca. 1750 bis 1850). Erläutert anhand von Beispielen aus Quedlinburg, Halle, Hamburg und Berlin. In: Jahrbuch für Volkskunde und Kulturgeschichte, Siebzehnter Band, Jahrgang 1974. - Berlin, 1975, S. 139-170.

Schlechte, Horst: Die allgemeine deutsche Arbeiterverbrüderung 1848-1850. Dokumente des Zentralkomitees der deutschen Arbeiter in Leipzig. - Weimar, 1979.

Schlenker, Gerlinde / Lehmann, Gerd / Schellbach, Artur: Geschichte Sachsen-Anhalts in Daten. - München/Berlin, 1993.

Schmidt, Walter (Hrsg.): Demokratie, Liberalismus und Konterrevolution. Studien zur Revolution von 1848/49. - Berlin, 1998.

Schmidt, Walter: Karl Marx und die deutsche Arbeiterbewegung in der Revolution von 1848/49. In: Beiträge zur Geschichte der Arbeiterbewegung (BzG), 10(1968)2, S. 195-202.

Schmidt, Walter: Proletariat und bürgerliche Revolution 1848/49. Die europäische Arbeiterbewegung in der Achtundvierziger Revolution - Versuch eines historischen Vergleichs. In: Kossok, Manfred / Kross, Editha: Proletariat und bürgerliche Revolution (1830-1917). - Vaduz/Liechtenstein, 1990, S. 101-140.

Schmidt, Walter / Becker, Gerhard / Bleiber, Helmut / Schmidt, Siegfried / Weber, Rolf: Illustrierte Geschichte der deutschen Revolution von 1848/49. - Berlin, 1973.

Schmidt, Walter / Seeber, Gustav (Hrsg.): Sozialismus und Arbeiterbewegung. Studien zur Geschichte, Band 15. - Berlin, 1989.

Schmiedecke, Adolf: Die Revolution von 1848-49 in Halle. - Halle, 1932.

Schneiderheinze, Michael: Zur Entwicklung der Arbeiterdiskussion 1848-1850. Erkenntnisprozesse bei der Herausbildung proletarischen Klassenbewußtseins (unter besonderer Berücksichtigung der „Allgemeinen Deutschen Arbeiterverbrüderung" und des Kölner Arbeitervereins). - Diss. A, Leipzig, 1983.

Tristan, Flora: Arbeiterunion. Sozialismus und Feminismus im 19. Jahrhundert. Aus dem Französischen übertragen und herausgegeben von Paul B. Kleiser. - Frankfurt am Main, 1988.

Tullner, Mathias: Die Revolution von 1848/49 in Sachsen-Anhalt. - Halle, 1998.

Valentin, Veit: Geschichte der deutschen Revolution von 1848/49. 2 Bände. - Berlin, 1930/31.

Weber, Rolf: Die Entwicklung der sächsischen Arbeitervereine 1848/49. In: Beitrage zur Geschichte der Arbeiterbewegung, 10(1968)2, S. 345-372.

Wermuth/Stieber: Die Communisten-Verschwörung des neunzehnten Jahrhunderts. Erster und Zweiter Theil. - Berlin, 1853.

Wolff, Jörg (Hrsg.): Das Preußische Landrecht. Politische, rechtliche und soziale Wechsel und Fortwirkungen. - Heidelberg, 1995.

Zarend, Christine: Halles erster Arbeiterverein (1848-1850). Ein Beitrag zur Geschichte der Allgemeinen Deutschen Arbeiterverbrüderung. In: Beiträge zur Geschichte der Arbeiterbewegung, 41(1999)3, S. 97-119.

Zarend, Christine: „Wir fordern das Recht, menschlich zu leben." Zur Teilnahme von Frauen an Halles erstem Arbeiterverein (1848-1850). In: Aszakies, Christiane / Katja Münchow / Christine Zarend: „Wie hältst du's mit der Rebellion?" Frauen zwischen Aufbruch und Anpassung im Halle des 19. Jahrhunderts. - Halle, 1999, S. 33-60.

Zwahr, Hartmut: Die Konstituierung der Arbeiterklasse in revolutionsgeschichtlicher Hinsicht. In: Kossok, Manfred / Kross, Editha: Proletariat und bürgerliche Revolution (1830-1917). - Vaduz/Liechtenstein, 1990, S. 33-56.

Zwahr, Hartmut: Revolutionen in Sachsen. Beiträge zur Sozial- und Kulturgeschichte. - Weimar/Köln/Wien, 1996.

Danksagung

Was lange währt, wird manchmal doch noch gut. Nach mehreren langen Pausen ist diese Schrift endlich druckreif. Sie wäre nicht ohne die sach- und fachkundige Unterstützung anderer Personen entstanden. Ihnen allen gilt mein Dank. Zuerst den Mitarbeiter/-innen des Stadtarchivs Halle und des Landesarchivs des Landes Sachsen-Anhalt in Merseburg. Die Bibliothekare der Marienbibliothek in Halle, Herr Carsten Eisenmenger und Frau Anke Fiebiger, haben mir mit viel Geduld geholfen, die biografischen Daten Johann Jacob Rock(en)strohs herauszufinden. Letztlich hat dieses Rätsel mein Verleger, Herr Bernd Stockmann, gelöst. Dafür und für seine Arbeit an der Herstellung der Druckreife des Manuskripts gilt ihm mein besonderer Dank.

Danke sage ich auch Dr. med. Ingrid Stockmann, deren medizinische Fürsorge ebenfalls dazu beigetragen hat, dass diese Schrift erscheinen kann.

Mein Dank gilt nicht zuletzt auch meiner langjährigen Brieffreundin Dr. Marianne Beese in Rostock, die mir vorgelebt hat, dass man trotz schwieriger Bedingungen mit Erfolg wissenschaftlich arbeiten kann.

Inhaltsverzeichnis

1. Prolog 5

2. Die Lage des halleschen Proletariates vor der Revolution 9

3. Demokratische Opposition und Proletariat (1844 bis 1848) .. 20

4. Kirchliche Opposition und sich formierende Arbeiterbewegung.. 25

5. Erste Aktionen nach der Märzrevolution 1848....................... 33

6. Die Gründung des Arbeitervereins zu Halle........................... 38

7. Die Teilnahme von Frauen am Verein.................................... 49

8. Zur Mitgliederentwicklung.. 58

9. Das Vereinsleben.. 62

10. Die einsetzende Repression 73

11. Das Verbot... 81

12. Der Kommunistenprozess zu Halle 87

13. Epilog.. 93

Statuten für den Arbeiter-Verein in Halle (Abschrift) 96

Mitglieder Arbeiterverein 1848/50.. 102

Zusammensetzung des Vorstands des Arbeitervereins Halle (1848-1850) 111

16. Oktober 1848 bis Mai 1849.. 111

Mai 1849 bis ca. Oktober 1849 (nach Inhaftierung Johann Traxdorfs)... 111

In einem Bericht vom 19. November 1849 an die
„Verbrüderung" (erschienen in Nr. 119 vom 20. Nov. 1849)
als Vorstand benannt: 112

Ende 1849 bis Anfang 1850 112

Am 31. August 1850 in einem Polizeibericht an das
Innenministerium in Merseburg benannt: 113

Nach der Schließung des Vereins am 2. Oktober 1850 wurden
gerichtlich belangt: 114

Auswahlbibliographie 116

1. Archivalien 116

1.1. Landesarchiv Merseburg 116

1.2. Stadtarchiv Halle 116

2. Periodika 116

3. Literatur 118

Danksagung 127

Inhaltsverzeichnis 128